www.ingramcontent.com/pod-product-compliance
Lightning Source LLC
Chambersburg PA
CBHW081534120626
46550CB00009B/2730
* 9 7 8 1 9 5 9 7 0 4 1 7 1 *

دل‌هایمان احیا کن

# راحاب

ردیابی کردن
ریسمان رهایی

مطالعه‌ای بر اساس تعلیمات
نانسی دیماس وُلگموت

مترجم: سابرینا اصلان

RAHAB
Second prinitng 2022

By Nancy DeMoss Wolgemuth

Published By Revive Our Hearts
P.O. Box 2000, Niles, MI 49120
www.ReviveOurHearts.com

Farsi Translator: Sabrina Aslan
Farsi Publisher: FACT Ministries, Inc.
P.O. Box 53507, San Jose, CA 95153
www.FactMinistries.org

ISBN: 978-1-959704-17-1

مطالعهٔ راحاب

نویسنده: نانسی دیماس وُلگموت
مترجم: سابرینا اصلان

ناشر فارسی: «راستی» ـ موسسهٔ آموزش کتاب‌مقدس
www.delhayemanehiakon.org
شابک: ۹۷۸-۱-۹۵۹۷۰۴-۱۷-۱

در خلال مطالعه‌ای که پیش رو دارید، به این صفحه مراجعه کرده و همزمان با رنگ کردن تصویر زیر، بر کلام خدا تعمق کنید تا دریابید چگونه داستان «راحاب» به شما امید واقعی می‌بخشد.

---

زیرا آنچه در **گذشته**
نوشته شده است،
برای **تعلیم ما بوده**
تا با **پایداری و آن دلگرمی**
که **کتب مقدس**
می‌بخشد، **امید**
داشته باشیم.

رومیان ۴:۱۵

# فهرست مطالب

# داستان راحاب

## براساس کتاب یوشع فصل ۲

### راحاب و جاسوسان

[۱] آنگاه یوشَع پسر نون، در نهان دو جاسوس از شَطّیم
فرستاد و گفت: «بروید و آن سرزمین، بخصوص اَریحا
را، ببینید.» پس آنان رفتند و به خانهٔ زنی روسپی به
نام راحاب درآمدند و در آنجا خوابیدند. [۲] پادشاهِ
اَریحا را خبر رسید که: «هان اسراییلیانی چند، امشب
بدین جا آمده‌اند تا این سرزمین را تجسس کنند.»
[۳] پس پادشاهِ اَریحا راحاب را پیغام داد: «مردانی را
که نزد تو آمده و به خانه‌ات داخل شده‌اند، بیرون
آور، زیرا به تجسس تمام این سرزمین آمده‌اند.» [۴]
اما راحاب آن دو مرد را بُرده، پنهان کرد و گفت: «آری،
آن مردان نزد من آمدند، اما ندانستم از کجا بودند.
[۵] آنان با تاریک شدن هوا، به هنگام بسته شدن
دروازهٔ شهر روانه شدند، اما نمی‌دانم کجا رفتند. به
تعقیبشان بشتابید؛ شاید بدیشان برسید.» [۶] اما او
آن دو مرد را به بام خانه بُرده، زیر ساقه‌های کتان که
بر بام چیده بود، پنهان کرده بود. [۷] پس آن مردان در
تعقیب ایشان، به راهِ اُردُن تا معبرها پیش رفتند. به
محضِ بیرون رفتن تعقیب کنندگان، دروازه را بستند.

[۸] پیش از آنکه جاسوسان بخوابند، راحاب بر بام برآمد
[۹] و بدیشان گفت: «می‌دانم که خداوند این سرزمین را
به شما داده و ترسِ شما بر ما مستولی گشته است،
و همهٔ ساکنان این سرزمین از حضورِ شما گداخته
شده‌اند. [۱۰] زیرا شنیده‌ایم که چگونه آنگاه که از مصر
بیرون می‌آمدید، خداوند آب دریای سرخ را پیش روی
شما خشکانید، و اینکه با سیحون و عوج، دو پادشاه
اموریان در شرق اُردُن چه کردید و چگونه آنان را به
نابودی کامل سپردید. [۱۱] با شنیدن اینها دل‌های ما

گداخته شد، و دیگر روحیه‌ای برای مقابله با
شما در کسی باقی نماند. زیرا که یهوه خدای
شما، هم بالا در آسمان و هم پایین بر زمین،
خداست. ۱۲ پس حال، برایم به خداوند سوگند
یاد کنید که همان گونه که من به شما محبت
کردم، شما نیز بر خاندانم محبت روا خواهید
داشت. به من نشانه‌ای از حُسنِ‌نیت بدهید
۱۳ که پدر و مادرم، برادران و خواهرانم و هر
چه را که دارند، زنده خواهید گذاشت و جانِ
ما را از مرگ خواهید رهانید.» ۱۴ آن مردان
به راحاب گفتند: «جانِ ما ضمانتِ جانِ شما!
اگر دربارهٔ این کارِ ما چیزی نگویی، هنگامی که
خداوند این سرزمین را به ما بدهد، با شما به
محبت و امانت رفتار خواهیم کرد.»

۱۵ پس آن زن ایشان را با طنابی از پنجره
پایین فرستاد، زیرا خانهٔ او در دیوارِ شهر بود و
او در دیوار زندگی می‌کرد. ۱۶ او بدیشان گفت:
«به کوهستان بروید، مبادا به تعقیب کنندگان
برخورید. در آنجا سه روز خود را پنهان کنید
تا ایشان بازگردند؛ آنگاه به راهِ خود بروید.» ۱۷
آنان به او گفتند: «از این سوگند که برای تو
خوردیم مُبرا خواهیم بود ۱۸ مگر آنکه چون
به این سرزمین درآییم، این طناب سرخ را به
پنجره‌ای که ما را از آن پایین فرستادی بسته
باشی، و پدر، مادر، برادران و همهٔ خانواده‌ات را
در خانهٔ خویش گرد آورده باشی. ۱۹ اگر کسی از
دَرِ خانه‌ات به کوچه بیرون رَوَد، خونش بر گردنِ
خودش خواهد بود و ما مُبرا خواهیم بود. ولی
اگر کسی بر آنان که در خانه با تو هستند دست
دراز کند، خون آنان بر گردن ما خواهد بود. ۲۰
اما اگر دربارهٔ کار ما با کسی سخن گویی، از این
سوگند که برای تو خوردیم مُبرا خواهیم بود.»
۲۱ زن پاسخ داد: «چنان باشد که گفتید.» پس
ایشان را روانه کرد و برفتند. و زن آن طناب
سرخ را بر پنجره بست.

۲۲ آنان آنجا را ترک کرده، به کوهستان رفتند
و سه روز در آنجا ماندند تا تعقیب کنندگان
بازگشتند. تعقیب کنندگان تمامی طول راه را
جستجو کردند، اما چیزی نیافتند. ۲۳ آنگاه
آن دو مرد بازگشتند. آنها از کوهستان فرود
آمده، از معبرِ رود گذشتند و نزد یوشَع پسر
نون رسیده، او را از هر آنچه برای آنها رُخ داده
بود، آگاه ساختند. ۲۴ به یوشَع گفتند: «به
راستی که خداوند تمامی این سرزمین را به
دست ما داده است. به علاوه، همهٔ ساکنان آن
زمین از حضور ما گداخته شده‌اند.»

ژاکت مورد علاقهٔ خود را در نظر آورید که با پوشیدن آن احساس خوبی به شما دست می‌دهد. حالا تصور کنید که این ژاکت نخ‌کش شده است. اگر آن نخ را بیشتر به طرف بیرون بکشید، تمام آن ژاکت خراب می‌شود چون آن یک عدد نخ بخشی از ژاکت است که در بدنهٔ آن بافته شده است.

به همین ترتیب، موضوعات خاصی هستند که در کُل بافت کلام خدا تنیده شده‌اند. ردیابی این نخهای تنیده شده در کلام خدا ما را یاری خواهد داد تا بتوانیم کُل تصویر آن پیغامی را که خدا می‌خواهد در کلامش به ما بدهد، مشاهده کنیم.

کتاب‌مقدسِ خود را باز کرده و به فهرست کتاب‌های آن مراجعه کنید. در این فهرست، شما نام‌هایی می‌بینید که شاید تلفظ آنها بسیار دشوار و حتی مضحک به نظر آید. اما اگر تعداد کتاب‌های این فهرست را بشمارید، خواهید دید که شصت و شش کتاب مختلف در این لیست جا داده شده‌اند. این کتاب‌ها چگونه با هم مرتبط می‌شوند؟ کتاب «تثنیه» حاوی قوانین یهود است. سبک کتاب «مزامیر» اشعاری است. «اناجیل» زندگی عیسی را بیان می‌کنند. و کتاب «اعمال رسولان» گویای داستان سفرهای بشارتی پولس است. این کتاب‌ها چه نقطهٔ مشترکی می‌توانند داشته باشند؟

واقعیت این است که کتاب‌مقدس، از اولین تا آخرین کتابش، به دُورِ یک داستانِ عظیم و واحد می‌چرخد. نخِ نجات و رهایی در تار و پود همهٔ صفحات آن بافته شده است. اما نجات [و یا رهایی] چیست؟ نجات موضوعی است که در این مطالعه به آن خواهیم پرداخت.

ما در این مطالعه زنی را به شما معرفی خواهیم کرد که راحاب نام دارد. اگر چه [در کلام خدا] مطالب زیادی دربارهٔ او نوشته نشده است، اما با مطالعهٔ زندگی او می‌توان به گنجینه‌های روحانیِ عمیق و ارزشمندی دست یافت که ما را به نجاتی که خدا مهیا کرده است سوق می‌دهد.

## پیشنهادات سازنده برای مطالعهٔ این کتاب

در این مطالعهٔ از خود بپرسید:

- این بخش [از کتاب‌مقدس] چه چیزی دربارهٔ قلب خدا، راه‌های خدا، و شخصیت خدا به من می‌آموزد؟
- چگونه این بخش به عیسی و پیغام انجیل اشاره می‌کند؟
- آیا در این بخش نمونه‌ای وجود دارد که باید از آن پیروی و یا اجتناب کرد؟ در صورت وجود چنین نمونه‌ای، چگونه باید به دنبال تغییر باشم؟

مطالب مربوط به هر یک هفته از این مطالعه به پنج قسمت تقسیم شده است. پیشنهاد می‌شود تا این پنج قسمت را در پنج روز متوالی مطالعه کنید. اما آزادی عمل دارید تا با برنامهٔ شخصی خود- برنامه‌ای که برای شما مفید باشد - پیش بروید.

زمانی که به دنبال درک کلام خدا هستید، به خاطر داشته باشید که روح‌القدس معلم اصلی شما است. خود عیسای مسیح فرمود که روح‌القدس یک هدیه و «پشتیبان» است که «همه چیز را به شما خواهد آموخت و هر آنچه من (عیسای مسیح) به شما گفتم، به یادتان خواهد آورد.» (یوحنا ۱۴:۲۶)

ابزار دیگری نیز وجود دارند که - هرچند الزاماً ضروری نیستند - می‌توانند شما را در درک بهتر کتاب‌مقدس یاری کنند. پس در صورت تمایل، از منابع زیر استفاده کنید:

- لغت‌نامه
- ترجمه‌های مختلف کتاب‌مقدس
- آیه یاب کتاب‌مقدس
- دیکشنری کتاب‌مقدس
- کتاب‌های تفسیر
- تعدادی مداد رنگی برای علامت گذاری در کتاب‌مقدس

در همراهی با مطالعهٔ این کتاب به شما توصیه می‌کنیم که به سری پادکست‌های «راحاب و ریسمان قرمز رهایی» گوش فرا دهید. این سری پادکست در تارنمای www.delhayemanehiakon.org موجود می‌باشد.

به منظور استفادهٔ بیشتر شما از این مطالعه، در بخش پایانی این کتاب پرسش‌هایی برای تبادل افکار در گروه‌های کوچک فراهم کرده‌ایم. پس از اتمام مطالعهٔ مطالب مربوط به هر یک هفته می‌توانید به بخش پرسش‌ها مراجعه و به همراه افراد گروه خود به تبادل افکار بپردازید.

## امیـد مـا بـرای شمـا

امیدواریم که این شش هفته فرصتی باشد برای درک این موضوع که خدا نزدیک شماست و می‌خواهد توسط پسرش عیسی شما را نجات بخشد. علیرغم گناهانی که مرتکب شده‌اید، و با وجود آنچه در گذشتهٔ شما رُخ داده است، حقیقتِ محض این است که او قادر است داستان زندگی شما را کاملاً دگرگون سازد.

مطالعهٔ هر یک هفته با یک آیهٔ ریسمان قرمز به پایان می‌رسد. این آیه خبر خوشی را به تصویر می‌کشد که بیانگر کار نجات‌بخش خداست. امیدواریم که شما روزها و هفته‌های خود را با این آیه‌ها به پیش ببرید. همهٔ این آیه‌ها در بخشی ویژه در انتهای مطالعهٔ این کتاب در دسترس شما قرار داده شده‌اند تا شما به آسانی بتوانید آنها را مرور کنید.

## آیهٔ حفظی

در طول این هفته بر این آیه تفکر کرده و آن را حفظ کنید.

آیا تو را امر نکردم؟
**قوی و دلیر باش.**
**مترس و هراسان مباش،**
زیرا هر جا که بروی،
**یهوه خدایت با تو**
**خواهد بود.**

یوشع ۱:۹

# هفتهٔ اول

## نوشته شده در داستان خدا

### موضوع هفته: خدا نویسندهٔ داستان زندگی شما است.

آیا تا بحال شده که در حین تماشای فیلمی به خود بگویید: «من بازیگر دیگری را برای ایفای این نقش انتخاب می‌کردم.» شاید به نظر شما قیافهٔ فلان هنرپیشه برای ایفای نقش یک قهرمان مناسب نبود ... و یا اینکه دیگری برای نقشی که داشت کوتاه قد بود! اما واقعیت این است که (اگر مسئول انتخاب هنرپیشگان در هالیوود نیستیم!) حق انتخاب به ما داده نشده است. در عوض، کار ما این است که پس از خرید بلیط خود، پفک و نوشیدنی بدست روی صندلی خود بنشینیم تا به تماشای فیلمی بپردازیم که در آن هنرپیشگان اثری را به صحنه می‌کشند که نویسندهٔ خلاقی آن را با سلیقهٔ خود طراحی کرده است.

زندگی تقلیدی است از هنر. اگر ما نویسندهٔ تاریخ بودیم، قطعاً ترجیح می‌دادیم که بسیاری از وقایع تاریخی به گونهٔ دیگری به وقوع بپیوندند. بطور مثال، شاید ما نیز با توجه به خصوصیات ظاهری آبراهام لینکُلن، او را گزینهٔ مناسبی برای ریاست جمهوری آمریکا نمی‌شمردیم. و یا اینکه زمانی که کشور هلند تحت اشغال نازیها بود، ما به هیچ وجه زنی میانسال به نام کُری تِن بُوم را برای رهبری شبکهٔ زیرزمینیِ حمایت از صدها یهودی انتخاب نمی‌کردیم. از لحاظ منطقِ محدود انسانی ما، افرادِ لایق‌تر و مناسب‌تری می‌توانستند این نقش‌ها را ایفا کنند.

اما واقعیت این است که ما مسئول انتخاب بازیگران نیستیم ... و به یقین، ما خدا نیستیم. اوست که همه چیز را می‌بیند، همه چیز را می‌داند، و در پشت صحنه همه چیز را در جهت خیریت ما بکار می‌گیرد. خدا برای به کمال رسانیدن اهداف رهایی‌بخش خود در جهان غالباً افرادی را برمی‌گزیند که ما آنها را رَد می‌کردیم ... افراد نامناسبی مانند راحاب را! در صورتی که همین راحاب آن نجاتی را که مسیح ارایه می‌دهد، به قوتِ تمام برای ما به تصویر می‌کشد.

# روز اول: قوی و دلیر باش

اعداد ۱۳:۱-۳ و ۱۷-۱۹ را بخوانید.

بنی اسرائیل ۴۰۰ سال در بندگی مصر به سر بُرده بودند. کتاب خروج به ما نشان می‌دهد که خدا چگونه با گشودن دریای سرخ آنها را از اسارت و از دست ارتش مصریان بطور معجزه‌آسا رهایی بخشید. شاید تصور کنید که اسرائیلیان [با داشتن چنین تجربه‌ای] مطمئن می‌شدند که رهاننده‌شان آنها را تا رسیدن به سرزمینِ امنِ موعود هدایت خواهد کرد. اما کلام خدا صحبت از ایمانِ ضعیفِ آنها می‌کند.

بر اساس اعداد ۱۳:۳۱-۳۳، اکثریت جاسوسان چه گزارشی دربارۀ سرزمین موعود به قوم دادند؟

_____

_____

_____

به نظر شما آنها نسبت به خدا چه باوری داشتند؟

_____

_____

_____

در اعداد ۱۴:۶-۹ شاهد مشورتی هستیم که یوشَع و کالیب به قومِ اسرائیل می‌دهند. با کلمات خود نصیحت آنان را در زیر بنویسید.

_____

_____

_____

در پاسخ، خدا آنانی را که گشوده شدن دریای سرخ را دیده بودند از ورود به سرزمین موعود محروم نمود. آنها مدت چهل سال در بیابان در سرگردانی به سر بردند. با رسیدن به اولین فصل از کتاب یوشع است که ما بالاخره قوم را آمادۀ ورود به سرزمین موعود می‌بینیم.

به هنگام مطالعۀ کلام خدا، در نظر نگاه داشتن پیش‌زمینۀ متن آن بسیار مفید است. شما می‌توانید پرسش‌هایی از قبیل: چه کسی؟ چه؟ چه زمانی؟ کجا؟ چرا؟ و چگونه؟ از خود بپرسید. آیه‌های ۱-۲ را بخوانید و با استفاده از پرسش‌های زیر این روش مطالعه را بکار گیرید.

## چه کسی؟ ...

- چه کسی صحبت می‌کرد؟
- با چه کسی صحبت می‌شد؟

_____

_____

_____

## چه؟ ...

- چه واقعۀ مهمی اتفاق افتاد؟
- چه دستورالعمل‌هایی خدا به یوشع داد؟

_____

_____

_____

## چه زمانی؟ ...

- در چه زمانی این جریان رُخ داد؟

_____

_____

_____

## کجا؟ ...

- یوشع کجا [در چه مکانی] بود که خدا این پیغام را به او داد؟

## چرا؟ ...

- چرا خدا با یوشع سخن می‌گفت؟

## چگونه؟ ...

- خدا از یوشع می‌خواست که چگونه واکنش نشان دهد؟

در یوشع ۱:۳-۵ خدا چه وعده‌هایی به یوشع داد؟ پاسخ خود را در جدول زیر بنویسید.

## وعده‌های خدا به یوشع

| یادآوری وعده‌های گذشته | وعده‌های جدید |
| --- | --- |
| | |

آیه‌های زیر را بخوانید و دور کلمات و عبارات تکرار شده دایره بکشید.

«قوی و دلیر باش، زیرا تو این قوم را وارث سرزمینی خواهی ساخت که به نیاکانشان سوگند یاد کردم آن را بدیشان ببخشم. فقط قوی و بسیار دلیر باش؛ دقت کن تا مطابق تمامی شریعتی که خادم من موسی تو را بدان حکم کرده است، عمل نمایی. از آن به چپ یا راست منحرف مشو، تا به هر جا که می‌روی کامیاب گردی.

«آیا تو را امر نکردم؟ قوی و دلیر باش. مترس و هراسان مباش، زیرا هر جا که بروی، یهوه خدایت با تو خواهد بود.» (یوشع ۱: ۶ و ۷ و ۹)

بار معنیِ واژهٔ عبری که در اینجا «دلیر باش» ترجمه شده است، معمولاً در عهد عتیق «قوّت و توانایی» است. اگر کسی در رویارویی با موضوعی چالش برانگیز شهامت خود را از دست بدهد، بالطبع احساس ضعف و بی‌کفایتی خواهد کرد. اما اگر او دلیر باشد، دلیری به او قوت خواهد بخشید تا با اطمینان هر مانعی را از میان بردارد.

اکنون خود را به جای یوشع مجسم کنید. تصور کنید که مسئولیت رهبری میلیونها انسان به سرزمینی غریب به شما محوّل شده است. به شما چه احساسی دست می‌داد؟ یادآوری این نکته که خدا با شماست، چگونه می‌تواند شما را در انجام این مسئولیت یاری بخشد؟

---

---

---

مسئولیتی که خدا به یوشع داده بود آنچنان عظیم بود که یوشع هرگز قادر نبود با توانایی انسانی خودش آن را به انجام برساند. نبردهای بسیاری در پیش بود ... و یوشع می‌بایستی بر دشمنان نیرومندی که در سرزمین موعود بودند غلبه کند. به احتمال قوی یوشع نیز، در رویارویی با چالش‌های پیش روی خود، مستعد بود تا بترسد و امیدِ خود را از دست بدهد.

شما امروز با چه موقعیتی درگیر هستید که در آن واکنش طبیعی شما وحشت و ترس است؟

---

---

---

چگونه یوشع ۱:۶-۹ باعث تشویق شما می‌شود؟

---

---

---

به احتمال زیاد یوشع خود را برای امرِ خطیرِ عبور از رود اردن [به همراه جمعیتی متشکل از دوازده قبیله]، تصرف سرزمین کنعان، و فتح اریحا، بی‌کفایت و خام دیده است. یک مأموریت بسیار دشوار به او سپرده شده بود. با این وجود، او تصمیم گرفت تا با ایمان قدم بردارد.

مسئولیت‌هایی که خدا به ما محّول می‌کند، معمولاً وظایفی نیستند که ما آنها را برای خود انتخاب می‌کردیم. با این حال، خدا از ما انتظار دارد تا به او اعتماد کنیم. **او قادر است ما را کمک کند تا قوی و دلیر باشیم.**

خدا در چه بخش‌هایی از زندگیتان شما را به چالش می‌کشد تا قدمی فراتر از قدرت خود بردارید؟

______________________________

______________________________

______________________________

در این هفته، شما چگونه می‌توانید با توکل به خداوند، پیغام «قوی و دلیر باش» را هدفمندانه به خود یادآوری کنید؟

______________________________

______________________________

______________________________

# روز دوم: فرهنگی بی‌ایمان، خدایی صبور

*یوشع ۲:۱ را بخوانید.*

راحاب اولین شخصی است که در سرزمین موعود به ما معرفی می‌شود.

یوشع ۲:۱ چه اطلاعاتی دربارهٔ راحاب به ما می‌دهد؟

---

---

---

با بررسی متن‌های کتاب‌مقدسی در مورد محل زندگی راحاب، ما می‌توانیم اطلاعات بیشتری در مورد او و پیشینه‌اش کسب کنیم.

اَریحا، شهری که راحاب در آن می‌زیست، یکی از شهرهای مهم کنعان بود ... و خدا در مورد فرهنگ کنعانی حرف‌های زیادی برای گفتن داشت.

به آیه‌های زیر مراجعه کنید. با کشیدن یک خط آنچه را که هر کدام از این آیه‌ها در مورد اعمال رایج کنعانیان می‌گوید مشخص کنید. در صورت لزوم، اگر یک متن کتاب‌مقدس به بیش از یک رفتار گناه‌آلود اشاره می‌کند، خط‌های بیشتری بکشید.

| | |
|---|---|
| خروج ۲۳:۲۳-۲۴ | همجنسگرایی |
| | زنای با نزدیکان (محارم) |
| لاویان ۱۸:۳-۲۳ | قربانی کودکان |
| | زناکاری |
| تثنیه ۱۸:۱۰-۱۱ | بت پرستی |
| | جادوگری و فالگیری |
| | رابطهٔ جنسی با حیوانات |

در آیه‌های زیر با برخی از آداب و رسوم کنعانیان مواجه خواهید شد که خدا آنها را بر قوم خود ممنوع کرده بود. به دور آنها یک دایره بکشید. خدا به ابراهیم گفت که او چگونه با کنعانیان رفتار خواهد نمود. در زیر آنچه خدا گفت یک خط بکشید.

> «چون به سرزمینی که یهوه خدایتان به شما می‌دهد، در آیید، نباید آداب و رسومِ کراهت آور اقوام آنجا را بیاموزید. در میان شما کسی یافت نشود که پسر یا دختر خود را بر آتش قربانی کند، و نه فالگیر یا غیبگو، و نه افسونگر یا جادوگر یا ساحر، و نه مشورت کننده با ارواح، یا رَمّال و یا کسی که با مُردگان گفتگو کند. زیرا هر که این کارها را می‌کند، خداوند از او کراهت دارد، و به سبب همین اعمالِ قبیح است که یهوه خدایتان این اقوام را از برابر شما بیرون می‌رانَد. شما در حضور یهوه خدایتان بی‌عیب باشید، زیرا این اقوام که شما سرزمینشان را تصرف خواهید کرد، به سخنِ غیبگویان و فالگیران گوش فرا می‌دهند. اما در خصوص شما، یهوه خدایتان اجازه نمی‌دهد چنین کنید.» (تثنیه ۱۸:۹-۱۴)

کنعانیان خدایان متعددی را می‌پرستیدند. سراسر سرزمین کنعان مملو بود از زیارتگاه‌ها، معابد، و بت‌های بسیار ... و پرستشی که شامل فحشای مذهبی و قربانی کردن کودکان بود. راحاب بخشی از این فرهنگ بود. **با این وجود، خدا اراده کرد تا راحاب در «داستان خدا» نوشته شود.**

خدا یونس را نیز فرستاد تا به اهالی شهر نینوا موعظه کند. یونس ۱:۲ و ۴:۱۱ چه حقایقی دربارهٔ فرهنگ حاکم بر اهالی نینوا را برملا می‌کنند؟

________________________________

________________________________

________________________________

ساکنان نینوا و کنعان چه تشابهاتی با هم دارند؟

_____

_____

_____

فرهنگی که شما در آن زندگی می‌کنید، چه تشابهاتی با این دو فرهنگ باستانی دارد؟

_____

_____

_____

خدا یونس را فرستاد تا چه پیغامی به مردم شهر نینوا بدهد؟ (یونس ۳:۱-۴)

_____

_____

_____

اهالی نینوا چه واکنشی نشان دادند؟ (آیۀ ۵)

_____

_____

_____

هنگامی که خدا موضوع داوری را به پیش می‌کشد، هدف اصلی او توبۀ گناهکار است و نه مجازاتِ صرف. ما چگونه می‌توانیم بفهمیم که این موضوع حقیقت دارد؟ دوم پطرس ۳:۹ را در زیر بنویسید.

_____

_____

_____

_____

# اریحا

اریحا در ۸ کیلومتری غرب رود اردن واقع است. اریحاقدیمی‌ترین شهر دنیا محسوب می‌شود. باستان‌شناسان در یافته‌های خود از این شهر، عمر بقایای آن را به ۸۰۰۰ سال قبل از میلاد مسیح تخمین زده‌اند ـ یعنی حتی قبل از ابراهیم.

اریحا در کنار گذرگاهی کوهی در کرانهٔ شمالی دریای مُرده واقع شده بود. بنابراین، برای اسرائیلیان، اریحا بهترین مسیر برای ورود به سرزمین موعود محسوب می‌شد. اریحا بر سر چهار راهی واقع شده بود که مسیر اصلی تجاری بین شرق و غرب بود. در آب و هوای گرم آن منطقه، اریحا یک مرغزار آباد به حساب می‌آمد. شرایط جغرافیایی این شهرموقعیتی ایده‌ال برای جاسوسان ایجاد کرده بود تا آنها به سهولت بتوانند از مسافرانی که از همهٔ مناطق کنعان به آنجا مسافرت می‌کردند، به هنگام توقفشان در آنجا، اطلاعات کسب کنند.

جریان «راحاب» و «مردم نینوا» طرح و نقشهٔ خدا را برملا می‌کنند. حتی زمانی که تمامیت یک فرهنگ از خدا و معیارهای او دور شده، و شرارت بصورتی بسیار برجسته عرف آن جامعه محسوب می‌شود، خواستِ خدا برای آنانی که بخاطر گناه از او جدا شده‌اند، این است که با توبه به سوی او بازگشت نمایند.

چگونه امروز این حقیقت مایهٔ دلگرمی شما می‌شود؟

_____

_____

_____

_____

خدا، در طول آن چهارصد سالی که قوم اسرائیل در اسارت بود، به کنعانیان فرصت داده بود تا توبه کنند. خدا، در حالی که قومش در مصر رنج می‌کشید، بر این فرهنگ بت‌پرست لطف و رحمت می‌کرد.

چگونه خدا، قبل از اینکه شما مسیحی شوید، نسبت به شما از خود صبر و شکیبایی نشان داده است؟ از زمانی که به او ایمان آورده‌اید، چگونه خدا با شما با صبر و شکیبایی برخورد کرده است؟

_____

_____

_____

_____

_____

به خاطر صبری که خدا نسبت به شما نشان داده ... و بابت هدیهٔ رایگان نجاتی که توسط پسرش به شما بخشیده است، از او سپاسگزاری کنید. دعای خود را در زیر بنویسید. نام عزیزان و دوستان خود را که نیاز به شناخت عیسی و نجات او دارند یادداشت کنید. برای آنان نیز دعا کنید.

_____

_____

_____

_____

_____

_____

_____

_____

_____

## روز سوم: شخصیتی غیرقابل انتظار در داستان خدا

عبرانیان ۳۱:۱۱ و یعقوب ۲۵:۲ را بخوانید.

بر اساس یوشع ۱:۲ راحاب چه حرفه‌ای داشت؟

_____

_____

_____

برخی از مفسرین و محققین باستانی بر این باورند که راحاب تنها یک مسافرخانه‌دار بود. آیا او فقط یک مسافرخانه را اداره می‌کرد و یا اینکه او یک فاحشه بود؟ برای یافتن پاسخ، بیایید عمیق‌تر مطالعه کنیم.

واژهٔ عبری بکار برده شده در یوشع ۱:۲ زوناه (zonah) است که در اصل به معنی فاحشه، روسپی، یا زنی فاسدالاخلاق است.

حرفهٔ راحاب در دو بخش از عهد جدید نیز ذکر شده است. بر اساس آیه‌های مطالعهٔ امروز، در مورد راحاب چه آموختید؟

_____

_____

_____

در این آیه‌ها از واژهٔ یونانی پورن (porn) استفاده شده که به معنی فاحشه یا روسپی است. این کلمه با لفظ امروزی پورنوگرافی (pornography) به معنای تصاویر و فیلم‌های مبتذل هم ریشه است. این کلمه کاملاً با واژهٔ پاندوکیوس (Pandocheus) که در یونانی به معنی مسافرخانه‌دار است تفاوت دارد. این امکان وجود دارد که راحاب مسافرخانه‌ای را نیز اداره می‌کرد. برخی از محققین معتقدند که در شهرهای باستانی فاحشه و مسافرخانه‌دار دو کلمهٔ مترادف محسوب می‌شدند.

به نظر شما چرا حرفهٔ راحاب در کلام خدا ثبت شده است؟

_____

_____

_____

هنگام مطالعهٔ کلام خدا باید این اصل را به خود یادآوری کنیم که کتاب‌مقدس کتابی است دربارهٔ خدا، **نه** کتابی دربارهٔ ما. با در نظر گرفتن این حقیقت، یوشع ۲:۱ چه چیزی دربارهٔ شخصیت خدا به شما می‌آموزد؟

_____

_____

_____

_____

از نقطه نظر انسانی، راحاب اصلاً آن شخصی نبود که ما او را برای یاری جاسوسان انتخاب می‌کردیم. **اما خدا برگزید تا او را در نوشتن داستان خود بکار گیرد؛ همانطور که سایر انسان‌های گناهکار را نیز بکار گرفت.**

موسیٰ یک قاتل بود.

جِدعون یک بُزدل بود.

داوود مرتکب زنا شد.

پطرس زود از کوره بدر می‌رفت.

فهرستی از سایر شخصیت‌های کتاب‌مقدس تهیه کنید که خدا آنها را بکار گرفت؛ افرادی که شما آنها را هرگز انتخاب نمی‌کردید.

_____

_____

_____

احتمالاً برداشت ما از این افراد این است که آنها برای مأموریتی که خدا در نظر داشت نا مساعد و فاقد کفایت بودند. اما در طول کتاب‌مقدس، و به دفعات مکرر، خدا از افراد غیر منتظره‌ای برای پیشبرد مقاصد خود استفاده کرده است.

اول قرنتیان ۲۷:۱-۲۹ را در زیر بنویسید.

_____

_____

_____

_____

این متن در بارهٔ نوع افرادی که خدا برای انجام مقاصد خود انتخاب می‌کند چه می‌آموزد؟ چرا خدا اینچنین کسانی را انتخاب می‌کند؟

_____

_____

_____

راحاب یک فاحشه بود. ممکن است که او خودش این حرفه را برای خود انتخاب کرده باشد. شاید هم آزارها و سؤاستفاده‌های جنسی باعث طرد شدگی او بوده و حالا برای امرار معاش مجبور به تن فروشی شده است. در هر صورت، خدا در فیض و رحمت خود، از آسمان نظر کرد و تصمیم گرفت تا راحاب را در نقشه‌ای که خودش برای سقوط اریحا داشت برگزیند.

آیا در زندگی شما بخشی نامطلوب وجود دارد که بخاطر آن احساس کنید نالایق‌تر از آن هستید که خدا از شما استفاده کند؟ مزمور ۳۲ را با صدای بلند بخوانید و خدا را برای بخشش و رحمت غیرقابل انتظار او در زندگیتان شکر و سپاس گویید.

---
---
---
---
---

# روز چهارم: آزاد شده از شرم

مزمور ۳-۲:۲۵ و ۵:۳۴ را بخوانید.

کلام خدا مشخص نمی‌کند که راحاب چه احساسی نسبت به فاحشه‌گری خود داشت. پس، بیایید از قوهٔ تصور خود استفاده کرده و خود را در جای او مجسم کنیم.

اگر شما برای امرار معاش مجبور به تن فروشی می‌شدید، خود را در حال دست و پنجه نرم کردن با چه نوع احساساتی می‌دیدید؟

---
---
---
---

آیا در لیست شما «حس شرم» هم وجود دارد؟ بعید به نظر می‌رسد که راحاب به فاحشه‌گری خود بالیده باشد. چه فقر عامل تن‌فروشی او شده باشد، و چه فرهنگ رایج آن زمان، به احتمال قوی راحاب درد و رنج را به عنوان نتیجهٔ روسپی‌گری خود تجربه کرده بود. گناه جنسی، در هر شرایطی، تقریباً همیشه احساس شرم عمیقی به وجود می‌آورد. گناه جنسی هرگز به یک شادی پایدار نمی‌انجامد.

هر چند که ما در آغاز این مطالعه هستیم، اما حتی نگاهی ساده به زندگی راحاب می‌تواند وقایع عمیقی از تجربیات شخصی هر یک از ما را زنده کند. چه شما خود را با داستان راحاب همراستا ببینید و چه هیچ فصل مشترکی با او نداشته باشید، همهٔ ما مواردی در گذشتهٔ خود داریم که از آنها شرمگین هستیم. مواردی از قبیل:

- طلاق
- از دست دادن شغل
- ورشکستگی مالی
- سقط جنین
- فرزند و یا همسرِ بی‌ایمان
- شرایط خانوادگی که در آن بزرگ شده‌اید
- شکستی که در آرزوی فراموشی آن هستید
- بیماری روانی
- ضعف جسمی و یا بیماری مُزمن
- جای خالی زیر را با  سایر مواردی که در این فهرست به آنها اشاره نشده است پُر کنید:
- —————————

برای صحبت کردن دربارهٔ هر گونه شرمی که در بالا قید شده، مطمئن باشید که بهترین محیط «مطالعه و بررسی کلام خدا» است زیرا کتاب‌مقدس تنها جایی است که در آن می‌توانیم فیض خدا را که بس عظیم‌تر از همهٔ  شرم‌های ماست ببینیم.

با توجه به درجه‌بندی زیر، شما هر چند وقت یک بار دربارهٔ تجربیات گذشته‌تان احساس شرم می‌کنید؟

| هرگز | | | | گاهی اوقات | | | | | همواره |
|---|---|---|---|---|---|---|---|---|---|
| ۱ | ۲ | ۳ | ۴ | ۵ | ۶ | ۷ | ۸ | ۹ | ۱۰ |

آیهٔ امروز [از مزامیر] دربارهٔ وجود شرم در کسی که فرزند خداست چه می‌گوید؟

---

---

---

بین «حس شرم» و «حس تقصیر نسبت به گناه» تفاوت وجود دارد. این تفاوت را چگونه توصیف خواهید کرد؟

---

---

---

دوم قرنتیان ۷:۱۰ را بخوانید. در این آیه، پولس بین الزام به گناه (غمِ خدایی) و شرم (غمِ دنیوی یا پشیمانیِ محض) چه تمایزاتی قائل می‌شود؟

---

---

---

«حس تقصیر [یعنی الزام به گناه]» ما را به سوی خدا سوق داده و ما را انگیزه می‌بخشد تا طالب بخشش او باشیم. اما در قطب مقابل، «شرم» قلب ما را از خدا دور کرده و ما را وامی‌دارد تا خود را پنهان و گناه خود را بپوشانیم.

«شرم» معمولاً چرخه‌ای است که با یک واقعهٔ دردناک غیر منتظره، یک خاطرهٔ بد، و یا اتفاقی در گذشته که حالا از آن پشیمانیم، در ما شروع می‌شود. این درد ما را وادار می‌سازد تا به دنبال راه حلی برای کنار آمدن با آن باشیم. اما تلاش ما در «کنار آمدن با این درد» ممکن است ما را به انتخابات ناسالمی مانند «پناه بُردن به خرید» و یا «پُرخوری» و یا «رفتارهای ناهنجار غیراخلاقی» برساند.

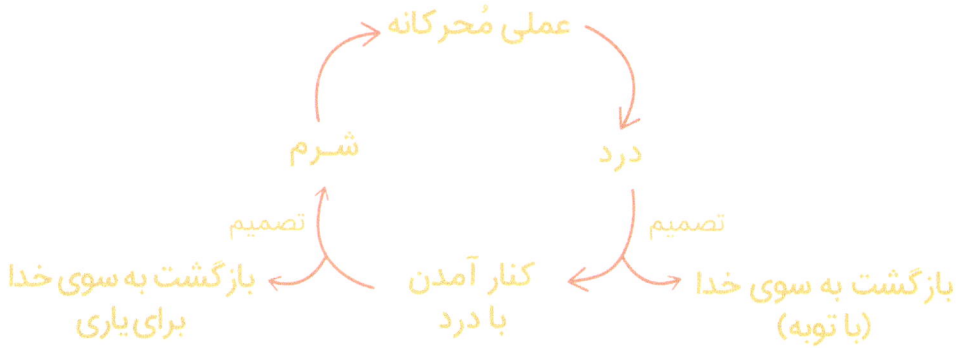

عملی مُحرکانه
شـرم
درد
تصمیم
تصمیم
بازگشت به سوی خدا
برای یاری
کنار آمدن
با درد
بازگشت به سوی خدا
(با توبه)

علیرغم تلاش خود در «کنار آمدن با درد» ممکن است همچنان ما نسبت به آنچه انجام داده‌ایم احساس شرم کنیم. و این شرم در ما درد بیشتری ایجاد می‌کند (زیرا نمی‌خواهیم گناه کنیم!) و چرخش این چرخه ادامه پیدا می‌کند.

در این بین خبر خوشی وجود دارد. و آن این است که اگر شما متعلق به مسیح هستید، لازم نیست در این چرخهٔ شلوغِ شرم گیر کنید. خدا را شکر که چند راه خروجی وجود دارد که می‌توانند شما را به مسیر دیگری برگردانند.

اول از همهٔ، هنگامی که درد به سراغ شما می‌آید، **به خدا پناه ببرید و از او کمک بطلبید**. به جای اینکه برای تسکین درد یا فرار از آن به برنامهٔ تلویزیونی مورد علاقهٔ خود پناه ببرید، یا به سراغ کسی بروید که واقعاً قادر نیست کاری برای شما انجام دهد، با صداقت به حضور خدا بروید. درد خود را با او در میان بگذارید، احساسات خود را به او بگوئید، و از او کمک بطلبید. به یاد داشته باشید که او در درد و رنجِ شما با شماست. «او نزدیک شکسته دلان است» (مزمور۳۴:۱۸). او شما را دوست دارد. او شما را یاری خواهد کرد. (در عین حال که خدا مشورت‌دهندهٔ نهایی ماست، اما برخی اوقات طلب مشورت از افراد حکیم می‌تواند بسیار مفید باشد.)

اگر چنانچه شما در این چرخه، از مرحلهٔ «تصمیم» عبور کرده و برای «کنار آمدن با درد» به عملکرد مورد علاقهٔ خود پناه آورده‌اید، این را بدانید که راه خروجی دیگری برای شما مهیا است. و آن اینکه: به جای غلتیدن در باتلاق شرم، «**با توبه به سوی خدا بازگشت کنید.**» در اول یوحنا ۱:۹ میخوانیم: «ولی اگر به گناهان خود اعتراف کنیم، او که امین و عادل است، گناهانِ ما را می‌آمُرزد و از هر ناراستی پاکمان می‌سازد.»

خدا در اشعیا نیز می‌گوید:

«من هستم،

آری من، که نافرمانی‌هایت را به خاطر خویشتن محو می‌سازم، و گناهانت را

دیگر به یاد نمی‌آورم ...» (اشعیا ۴۳:۲۵)

«من هستم،

من، که شما را تسلی می‌دهم؛ پس تو کیستی که ... ترسانی ... خداوند،

آفرینندهٔ خود را، فراموش کرده‌ای.» (اشعیا ۵۱:۱۲-۱۳)

خدا در درد شما در کنار شما حاضر است. او دوست دارد که فرزندان عزیز خود را از گناه و شرم آزاد
کند ـ یعنی آنچه او برای راحاب انجام داد. به جای ادامه در چرخهٔ شرم، بسوی او بازگشت کنید.

پیدایش ۲:۲۵ را با پیدایش ۳:۷-۸ مقایسه کنید. چه شواهدی از شرم در زندگی آدم و حوّا به
چشم می‌خورد؟

_____

_____

_____

اگر آدم و حوا، به جای پناه بردن به شرم، صادقانه توبه می‌کردند، داستان آنان چه شکل متفاوتی
به خود می‌گرفت؟

_____

_____

_____

حس شرم چه اثرات بدی بر رابطهٔ شما با خانواده‌تان به جا می‌گذارد؟

_____

_____

_____

حس شرم چه اثرات بدی بر رابطۀ شما با اعضای کلیسایتان به جا می‌گذارد؟

___

___

___

حس شرم چه اثرات بدی بر رابطۀ شما با خدا به جا می‌گذارد؟

___

___

___

ثمری که خدا در زندگی ما تولید می‌کند شادی است، نه شرم. خدا به ما، به عنوان پیروان مسیح، وعدۀ آزادی از گناه و شرم را داده است.

با استفاده از آیه‌های زیر جملات زیر را کامل کنید.

به خاطر عبرانیان ۱۰:۲۲، من می‌دانم که می‌توانم ___

___

___

رومیان ۱۰:۱۱ مرا مطمئن می‌کند که ___

___

___

فیلیپیان ۳:۱۳-۱۴ به من می‌گوید ___

___

___

یعقوب ۵:۱۶ می‌گوید که ما می‌توانیم با ___ از گناه و شرم آزاد شویم.

اگر هنوز درگیر معضلِ شرم هستید و به کمک بیشتری نیاز دارید، منابع زیر می توانند شما را در این زمینه کمک کنند.

1- Shame Interrupted: How God Lifts the Pain of Worthlessness and Rejection by Edward T. Welch (New Growth Press, 2012)

**عنوان کتاب (۱)**

چگونه خدا دردِ بی ارزشی و طرد شدگی را از میان برمی دارد

2- Unashamed: Healing Our Brokenness and Finding Freedom from Shame by Heather Davis Nelson (Crossway, 2016)

**عنوان کتاب (۲)**

شفای شکستگی هایمان و یافتن آزادی از شرم

اگر شما با موضوع شرم در کشمکش بوده و خواهان آزادی حقیقی از آن هستید، اعتماد خود را بر این واقعیت بگذارید که زندگی شما در مسیح پنهان است (کولسیان ۳:۳). قربانیِ شدن مسیح گناهان گذشتهٔ شما را کاملاً پوشانیده است. اشتباهات گذشتهٔ شما، و یا آنچه بر سر شما آمده است، دیگر مُعرف شما نیستند. ***هنگامی که شرم در وجود شما قد عَلَم می‌کند، به این حقایق بچسبید. یک بار دیگر، و با اراده، قدم ایمان برداشته و بپذیرید که قربانی مسیح برای [آمرزش گناهان] شما بسنده بوده است. به جای غرق شدن در شرم، تصمیم بگیرید تا مسیح را بپرستید.***

امروز مدتی را به خواندن مزمور ۵۱ اختصاص دهید. داوود، پس از اینکه مرتکب گناه جنسی شده بود (دوم سموئیل ۱۱)، این مزمور را نوشته شده است. داوود به سوی خدا بازگشت و از او طلب بخشش نمود. سعی کنید به شیوهای خلاقانه، خدا را به خاطر اینکه او شما را از اسارت گناه و شرم آزاد می‌کند، پرستش کنید. در این راستا می‌توانید سرودی بسرائید، شعری تصنیف کنید، تصویری بکشید، و یا بر نقل قولی تفکر کنید که دربارهٔ آن آزادی است که مسیح عطا می‌کند. سپس، تجربهٔ شخصی خود را در زیر یادداشت کنید.

______________________________

______________________________

______________________________

______________________________

______________________________

______________________________

# روز پنجم: شخصیتی غیر منتظره برای دریافت فیض

*افسسیان ۲:۱-۱۰ را بخوانید.*

از نقطه نظر ما، راحاب نه فقط شخصیت بعیدی است تا توسط خدا بکار گرفته شود، بلکه او برای دریافت فیض خدا نیز کاندیدای مناسبی به نظر نمی‌رسد. شاید در محاسبات ما، راحاب جزو آخرین کسانی باشد که انتظار داشته باشیم به خدای راستین ایمان بیاورد. اما راحاب شنیده بود که خدا چگونه قوم خود را رهایی داده و بطور معجزه‌آسا برای آنها تدارک دیده بود ... *و راحاب آنها را باور کرده بود.*

آیا شما شخصی را می‌شناسید که حدس میزنید او برای پیروی از مسیح علاقه‌ای نشان نخواهد داد؟ چگونه داستان راحاب می‌تواند، برای نجات آن شخص، در شما امید پدید آورد؟

افسسیان ۲:۱-۱۰ را که در زیر نوشته شده است بخوانید. حقایق این متن، چگونه در زندگی راحاب دیده می‌شوند؟ دُور کلمات یا عباراتی که نشانگر این حقایق هستند دایره بکشید.

و اما شما به سبب نافرمانی‌ها و گناهانِ خود مُرده بودید، و زمانی در آنها گام می‌زدید، آنگاه که از روش‌های این دنیا و از رئیسِ قدرتِ هوا پیروی می‌کردید، از همان روحی که هم اکنون در سرکشان عمل می‌کند. ما نیز جملگی زمانی در میان ایشان می‌زیستیم، و از هوای نفْسِ خود پیروی می‌کردیم و خواسته‌ها و افکارِ آن را به جا می‌آوردیم؛ ما نیز همچون دیگران، بنا به طبیعتِ خود، محکوم به غضبِ خدا بودیم. اما خدایی که در رحمانیت دولتمند است، به خاطر محبت عظیم خود به ما، حتی زمانی که در نافرمانی‌های خود مُرده بودیم، ما را با مسیح زنده کرد ـ پس، از راه فیض نجات یافته‌اید؛ و با مسیح برخیزانید و در جای‌های آسمانی با مسیح عیسی نشانید، تا در عصر آینده، فیضِ غنی و بی‌مانندِ خود را در مسیح عیسی، به واسطهٔ مهربانی خود نسبت به ما نشان دهد. زیرا به فیض و از راه ایمان نجات یافته‌اید ـ و این از خودتان نیست، بلکه عطای خداست ـ و نه از اعمال، تا هیچ کس نتواند به خود ببالد. زیرا ساختهٔ دست خداییم، و در مسیح عیسی آفریده شده‌ایم تا کارهای نیک انجام دهیم، کارهایی که خدا از پیش مهیا کرد تا در آنها گام برداریم.

آیا می‌توانید به انجام رسیدن حقایق این آیه‌ها را در زندگی خود ببینید؟ چگونه؟

چه زندگی ما مانند راحاب (مملو از الگوهای رفتاری گناه‌آلودِ آشکار) باشد، و چه خود را فریب داده و فکر کنیم که هیچ گناهی نداریم، در هر حال، همهٔ ما راحاب‌هایی هستیم که به هیچ وجه شایستهٔ دریافت فیض خدا نیستیم.

در رومیان ۳:۹-۱۲ پولس به اختلافی که بین ایمانداران یهود و یونانی بود می‌پردازد: چه کسی در برابر خدا از شرایط بهتری برخوردار است؟ ایمانداران یهودی نژاد؟ یا ایمانداران غیر یهود که از سایر ملل بودند؟

پولس گفت:

> پس چه باید گفت؟ آیا وضعِ ما بهتر از دیگران است؟ به هیچ روی! زیرا پیشتر ادعا وارد آوردیم که یهود و یونانی هر دو زیر سلطهٔ گناهند. چنانکه نوشته شده است:
>
> «پارسایی نیست، حتی یکی.
>
> هیچ کس فهیم نیست، هیچ کس جویای خدا نیست.
>
> همه گمراه گشته‌اند، و با هم باطل گردیده‌اند.
>
> نیکوکاری نیست، حتی یکی.»

این بخش از کلام خدا را مرور کنید و پاسخ پرسش‌های زیر را یافته و زیر آنها خط بکشید.

- چه کسی پارسا است؟
- چه کسی حقیقت را درک می‌کند؟
- چه کسی جویای خدا است؟
- چه کسی نیکویی می‌کند؟

این متن را یک بار دیگر بخوانید. با کشیدن یک دایره مشخص کنید چه کسی از امور خدا گمراه گشته و باطل شده است.

اشعیا ۶:۶۴ را بخوانید و آن را در زیر یادداشت کنید. بر اساس این آیه، اعمال نیکِ ما در مقایسه با قدوسیت خیره کنندهٔ خدا به چه شباهت دارند؟

________________________________________

________________________________________

________________________________________

________________________________________

________________________________________

خدا، از طریق کلامش، وضعیت واقعی ما را به روشنی آشکار می‌کند. هیچ‌یک از ما شایستگی فیض خدا را نداریم. اما به خاطر محبت و رحمت خدا، که آن را با فرستادن پسرش برای مُردن به جای ما نشان داد، ما می‌توانیم [از لحاظ روحانی] زنده شویم.

خدا در کلامش به ما نشان می‌دهد که او قادر است تا:

- شکست‌های شما را جبران کند.
- گناهان شما را ببخشد.
- شکستگی‌های شما را ترمیم کند.
- به هم ریختگی‌ها و آشفتگی‌های زندگی شما را به چیزی زیبا تبدیل نماید.

**داستان زندگی شما هر چه که باشد، زندگی شما اثری است از داستان پیروزمند فیض خدا!**

در خاتمهٔ مطالعهٔ این هفته، مزمور ۱۰۳:۱-۶ را بخوانید و همهٔ مزایای حاصل از شناخت خدا و راه رفتن با او را که در این متن ذکر شده‌اند بنویسید.

_____

_____

_____

_____

_____

_____

آیهٔ

# ریسمان قرمز

ریسمان رهایی با داستانی آغاز می‌شود که اگر ما نویسندهٔ آن بودیم، آن را این گونه نمی‌نوشتیم. آدم و حوا، اولین مرد و زن، از خدا بی‌اطاعتی کردند. گناه از طریق آنها وارد جهان شد و همه چیز و همه کس و هر جامعه‌ای را آلوده ساخت. آدم و حوا طعم تلخ حس تقصیر و شرم را چشیدند. آنها درک کردند که عریانند. اما آنها قادر به نجات خود نبودند. و به همین دلیل خود را از خدایی که آنها را محبت می‌نمود پنهان کردند. اما خدا چه کرد؟ آیهٔ ریسمان قرمز این هفته را بخوانید:

> [آدم] گفت: «صدای تو را در باغ شنیدم و ترسیدم، زیرا که عریانم، از این رو خود را پنهان کردم.» ... یهوه خدا پیراهن‌هایی از پوست برای آدم و زنش ساخت و ایشان را پوشانید.
>
> (پیدایش ۳: ۱۰ و ۲۱)

خدا، از روی فیض عظیمِ خود، اولین قربانی را گذرانید تا آنها را بپوشاند. او عریانی آنها را پوشانید و آنها را از شرم رهایی بخشید. اگر چه این عملْ مشکلِ حضورِ گناه را حل نکرد، اما اولین سایه‌ای بود از آن قربانی که قرار بود در آینده ظاهر شود تا بطور کامل ما را بپوشانید. داستان نجات هنوز پایان نیافته بود.

## آیهٔ حفظی

در طول این هفته بر این آیه تفکر کرده و آن را حفظ کنید.

# زیرا «هر که نام خداوند را بخواند، نجات خواهد یافت.»

رومیان ۱۰:۱۳

# هفتهٔ دوم

## اسرارِ خدا در حالِ عمل

**موضوع هفته:** عمل نجات‌بخشی که خدا در زندگی مردم انجام می‌دهد غالباً در نظر ما عملی است اسرارآمیز. اما در این میان نقشی وجود دارد که او انتظار دارد من و شما ایفا کنیم.

عمل دست خدا را می‌توان در خیلی جاها به روشنی مشاهده کرد. مثلاً در چهرهٔ کودکان در کلاسهای کانون شادی، در شادیِ یک زوج نازا هنگامی که خبر از حاملگی و تولد یک فرزند می‌دهند، و یا آسایش خاطر یک بیمار سرطانی به هنگام دریافت گزارش پزشکی‌اش که حاکی از آن است که آثاری از سرطان در او باقی نمانده است. امــا در رابطه با مواردی که به سختی می‌توان عمل دست خدا را دید، چه می‌توان گفت؟

جنیفر اسمیت (Jennifer Smith) در اینچنین موقعیتی بود. او، در خانواده‌ای که بزرگ شده بود، بارها از والدینش شنیده بود که به دنیا آمدنِ او یک اشتباه محض بوده است. او به مدت چهار سال در کلیسایی توسط یکی از معلمین کانون شادی مورد آزار جنسی قرار گرفته بود. جنیفر به عنوان یک نوجوان تبدیل به دختری شد که در چرخهٔ تلخی و انتقام، اعتیاد به مواد مخدر، و خشونت‌گیر کرده بود. جنیفر در سن بیست و دو سالگی دستگیر و به زندان انداخته شد.

اگر چه شرایط زندگی او بسیار تیره و تار بود، اما خدا برای نجات او در حال عمل بود. جنیفر در این بین، افرادی را دید که از شادی درونی خاص و غیر قابل انکاری برخوردار بودند. او توسط آنها مژدهٔ انجیل را شنید و از خدا درخواست کرد تا همهٔ گناهانش را ببخشد. در آن روز جنیفر از زندان روحانی آزاد شد، و پس از ده سال از زندان فیزیکی نیز آزاد گردید.

امروز خداوند او را برای منتشر ساختن خبر نجات‌بخش انجیل در بین زنانِ همان زندانی بکار می‌برد که او قبلاً در آن در حبس بود.

زندگی جنیفر حاکی از این حقیقت است که خدا در همه جا عمل کند. او در مکان‌های تاریک و نا امید کنندهٔ این دنیا، قلب‌های مردمی را که در وضعیت وخیمی هستند با محبت خود برمی‌انگیزاند و بسوی خود می‌خواند. این دقیقاً همان کاری است که او در فرهنگ فاسد اَریحا در قلب زنی به نام راحاب انجام داد. در طول مطالعهٔ این هفته، به کشف روش‌های اسرارآمیز خدا خواهیم پرداخت.

## روز اول: خدا قدم‌های ما را هدایت می‌کند

**یوشع ۲:۱ *را بخوانید.***

قبل از اینکه قوم اسرائیل برای ورود به سرزمین موعود و تصرف آن آماده شوند، یوشع دو جاسوس به اریحا می‌فرستد تا دربارهٔ آنچه قوم پیش رو دارد اطلاعات جمع آوری کنند. برای انجام مأموریتشان، آنان بایستی از رود طغیان زدهٔ اردن عبور می‌کردند و سپس وارد شهر محصور اریحا می‌شدند. به دشواری می‌توان درک کرد که این مردان در بدو ورود به اریحا، انتظار رویارویی با چه چیزی را داشتند.

یوشع ۱:۲-۴ را بخوانید. در زیر وعده‌هائی که خدا به یوشع داد یک خط بکشید.

> «... پس اکنون برخیز، تو و تمامی این قوم، تا از این رود اردن گذشته، به سرزمینی در آیید که من بدیشان یعنی به بنی‌اسرائیل می‌دهم. چنانکه به موسی وعده دادم، هر جایی را که کف پای خود را بر آن بگذارید، به شما داده‌ام. از صحرا و این لبنان تا رود بزرگ فُرات ـ که سرزمین حیتّیان را نیز شامل می‌شود ـ و از آنجا تا دریای بزرگ در غرب، جملگی قلمرو شما خواهد بود.»

به نظر شما چرا یوشع تصمیم گرفت تا جاسوسان را به سرزمینی بفرستد که خدا قبلاً قول داده بود تا آن را به بنی اسرائیل ببخشد؟

---

---

---

بهترین زمانِ ورود به آریحا باید روز هنگام بوده باشد. دروازه‌های شهر باز بودند و مسافران و تاجران می‌توانستند دخول و خروج کنند. بنابراین جاسوسان نیز می‌توانستند، بدون اینکه کسی از ورود آنها مطلع شود، به همراه این جمعیت وارد شهر شوند. به محض ورودشان، خدا مسیر جاسوسان را به مکان غیر منتظره‌ای هدایت کرد ... به خانهٔ زنی که فاحشه بود.

چه دلایلی می‌توانست تصمیم جاسوسان در مورد سکونت در خانهٔ راحاب را توجیه کند؟ کدام‌یک از موارد زیر نظر شما را جلب می‌کند؟

- ☐ آنها دربارهٔ راحاب شنیده بودند و حالا تمایل داشتند تا او را ملاقات کنند.
- ☐ مسافرخانهٔ راحاب بر دیوار شهر بنا شده بود. در صورت لزوم، آنها سریع‌تر می‌توانستند از آنجا فرار کنند.
- ☐ از آنجایی که راحاب یک فاحشه بود، رفتن دو مرد به منزل او توجه کسی را جلب نمی‌کرد.
- ☐ مسافرخانهٔ راحاب یک مسافرخانهٔ درجهٔ یک برای سکونت جاسوسان بود.
- ☐ یوشع به آنها گفته بود تا به مسافرخانهٔ راحاب بروند.
- ☐ این مکان محل مناسبی برای جمع‌آوری اطلاعات بود زیرا مسافران بسیاری را به خود جلب می‌کرد.
- ☐ راحاب احتمالاً آنها را خیلی سین جیم نمی‌کرد.

پاسخ این پرسش را که چرا این دو جاسوس به مسافرخانهٔ راحاب رفتند، دقیقاً نمی‌دانیم. اما این را می‌دانیم که این خدا بود که این دو جاسوس را دقیقاً به مکانی هدایت کرد تا زنی از اهالی اریحا را بیابند که با هدف آنان همراستا بوده و به خدای حقیقی ایمان داشت.

آیا برای شما ـ و یا کسی از آشنایان شما ـ اتفاق افتاده که خدا شما را به بهترین گزینه هدایت کرده باشد؟ به مناسب‌ترین شخص؟ به مناسب‌ترین مکان؟ شهادت خود را اینجا بنویسید.

_____

_____

_____

# خدا چگونه ما را هدایت می‌کند؟

کلام خدا به ما نشان می‌دهد که خدا قدم‌های ما را هدایت و ما را به راهی که باید برویم راهنمایی می‌نماید. ضمن خواندن آیه‌های زیر، با کلمات خود توضیح دهید که هر یک آیه دربارهٔ اینکه خدا چگونه ما را هدایت می‌کند، چه می‌گوید.

مزمور ۸:۳۲ _____

_____

_____

مزمور ۲۳:۳۷ _____

_____

_____

امثال سلیمان ۵:۳-۶ _____

_____

_____

امثال سلیمان ۹:۱۶ _____

_____

_____

ما غالباً دوست داریم که در پیروی از خدا و قدم برداشتن در راهی که او پیش روی ما مقرر کرده است، او از قبل همهٔ جزئیات راه را به ما نشان دهد. اما اگر ما زندگی خود را به او تسلیم کرده باشیم، در واقع تصمیم گرفته‌ایم تا بر هدایتهای او اطمینان کنیم ... یعنی کاغذ سفیدی را امضا کرده و به او داده‌ایم تا او هر آنچه را که بخواهد بر آن بنویسد.

امثال سلیمان 9:۱۶ را چندین بار بخوانید. سپس به عنوان سمبلی از سرسپردگی خود نسبت به هدایتهای خدا، نام خود را بر روی کاغذ سفیدی نوشته و آن را امضا کنید. این کاغذ امضا شده را در کتاب‌مقدسِ خود جا دهید تا هر روز شما را یادآوری کند که خدا شما را در همهٔ قدم‌هایتان هدایت می‌کند.

**شاید او شما را به مکان‌هایی هدایت کند که اصلاً انتظار آن را نداشته‌اید، اما در پیروی از خداوند چیزی از دست نمی‌دهیم. خدا کاملاً قابل اعتماد است. او هر آنچه را که قصد نموده باشد به عمل خواهد آورد.**

ضمن تأمل بر این حقیقت که خدا قدم‌های شما را هدایت خواهد نمود،

با کلمات شعر قدیمیِ زیر خدا را با صدای بلند بپرستید.

## منجیم عیسی در تمام راه رهبری کرد مـرا

منجیم در تمامی راه  رهبری کُندم
پیش از این چه خواهم؟ همه وقت هدایت کُندم
به رحمت رئوفانهٔ او تردید کنم؟
محبت پایدارش فراموش کنم؟
مرا از پیش و از پس در بر گرفته
همهٔ راه‌هایم راست گردانده
آرامش آسمانی‌ام او، تسلی الاهی‌ام او
با ایمان در او سکنی گزینم، مسکن جاودانی‌ام او
پس یقین دارم، هر چه بر سرم آید
عیسی به خیرینم در آوَرد.

پس یقین دارم، هر چه بر سرم آید،
عیسی به خیریتم در آوَرد.
گر چه روحم در فغان
جانم تشنه و سرگردان

صخره‌ام او باشد، آب زندگانی از او افشان
چشمهٔ شادی‌ام اوست، آرامی‌ام از او فوران
منجیم در تمامی راه رهبری کُندَم
با محبتش در آغوشش گیردَم
صلح کاملش وعده‌ام داده
در منزل پدرش جایم داده
چون روحم از این جسم به سویش بال گیرد
به سوی آسمان، مظفرانه اوج گیرد

سرودم این باشد چون رسم به آن سرا
ای جانم جاودانه بسرا
منجیم عیسی در همهٔ راه رهبری کرد مرا
ای جانم جاودانه بسرا
منجیم عیسی در همهٔ راه رهبری کرد مرا

# روز دوم: خدا در شرایط غیر منتظره عمل می‌کند

**یوشع ۲:۲-۷ را بخوانید.**

طولی نکشید که خبر ورود جاسوسان اسرائیلی به گوش پادشاه اریحا رسید.

هنگامی که فرستادگان پادشاه دربِ خانهٔ راحاب را کوبیدند، فکر می‌کنید به راحاب چه احساسی دست داد؟ او در خانه‌اش میزبانِ دو دشمن حکومت بود. احتمالاً او اصلاً وقت نداشت تا با خود فکر کند که حالا چه باید کرد. آیا او تصمیم می‌گرفت تا به پادشاه و ملّتش وفادار بماند و آن دو جاسوس را به آنها تسلیم کند؟ یا با به خطر انداختن جان خود به جاسوسان پناه می‌داد؟

چگونه راحاب جاسوسان را پنهان نمود؟

---

---

---

تلاش در حفاظت کردن از دو مهمان می‌توانست نشانی از روحیهٔ مهمان نواز راحاب باشد. اما او قدمی فراتر از یک مهمان‌نوازی ساده برداشته بود. چگونه؟ راحاب با پنهان نمودن این دو جاسوس چه چیزی را به خطر انداخته بود؟

---

---

---

واکنش راحاب به مأموران پادشاه (در آیه‌های ۴-۵) را بخوانید و بطور خلاصه آن را در زیر بنویسید.

---

---

---

بدون شک، حقیقت این است که راحاب دروغ گفت. اگر چه دروغ او باعث شد که جاسوسان بتوانند فرا کنند، اما آیا این کار راحاب درست بود؟ برخی از مفسرین بر این عقیده هستند که آنچه راحاب انجام داد، با توجه به شرایطی که در آن قرار گرفته بود، قابل توجیه است ... همانطور که برای بیرون راندن دشمن در یک محیط جنگی، کتمان کردن راستی یک تاکتیک مشروع به حساب می‌آید. مفسرین دیگر که دروغ راحاب را توجیه نمی‌کنند، مایلند بدانند که هر یک از ما در شرایط مشابه چه می‌کردیم. اگر از شما خواسته شود تا به یکی از خادمین خدا خیانت کنید، چه واکنشی نشان خواهید داد؟

اگر در تاریخ اسرائیل قدری به عقب برگردیم، با واقعهٔ مشابه دیگری روبرو می‌شویم. در این واقعه نیز، به منظور حفظ جان قوم خدا، اشخاص دیگری دروغ می‌گویند. خروج ۱:۱۵-۲۱ را که در زیر نوشته شده است بخوانید. دور کلمات یا عباراتی که توجه شما را جلب می‌کنند دایره بکشید.

> و اما پادشاه مصر، شِفرَه و فوعَه را که قابله‌هایی عبرانی بودند، امر کرده، گفت: «چون فرزندانِ زنانِ عبرانی را به دنیا می‌آورید و آنها را معاینه می‌کنید، اگر نوزاد پسر بود او را بکشید، ولی اگر دختر بود زنده بگذارید.» اما قابله‌ها از خدا ترسیدند و آنچه پادشاه مصر بدیشان گفته بود نکردند بلکه پسران را زنده گذاشتند. پس پادشاه مصر احضارشان کرد و پرسید: «چرا چنین کردید؟ چرا پسران را زنده گذاشتید؟» قابله‌ها پاسخ دادند: «زنان عبرانی همچون زنان مصری نیستند. آنها پُر زورند و پیش از رسیدن قابله می‌زایند.» پس خدا به قابله‌ها احسان کرد؛ و بر شمار قوم افزوده شده، بس نیرومند گشتند. و چون قابله‌ها از خدا ترسیدند، خدا نیز آنان را صاحب خانواده ساخت.

چرا قابله‌ها دروغ گفتند؟

چه نتیجه‌ای حاصل شد؟

---

---

---

اگر چه راحاب و قابله‌ها بطور مشخصی محکوم نشده‌اند، اما در هیچ بخشی از کتاب‌مقدس از دروغ آنان چشم پوشی نشده است. بر عکس، قابله‌ها بخاطر بی‌اطاعتی از حکم پادشاه و زنده نگاه داشتن نوزادان عبرانی مورد تحسین قرار گرفتند. راحاب نیز بخاطر ایمانش ستوده شده است (عبرانیان ۳۱:۱۱).

در نمودار زیر آنچه را که کلام خدا دربارهٔ راستی و دروغ می‌گوید با هم مقایسه کنید.

| کلام خدا درباره دروغ گفتن چه می‌گوید؟ | کلام خدا درباره راست گفتن چه می‌گوید؟ |
|---|---|
| خروج ۱۶:۲۰ | افسسیان ۲۵:۴ |
| امثال سلیمان ۶:۱۶-۱۹ | یعقوب ۱۲:۵ |
| امثال سلیمان ۲۲:۱۲ | اول یوحنا ۱۸:۳ |
| کولسیان ۳:۹-۱۰ | لوقا ۳۱:۶ |

خدا بطور مشخص در کلامش می‌گوید که از دروغ تنفر دارد. او پیروانش را خوانده است تا به راستی سخن گویند. آیا این به آن معنی است که اگر راستگویی ما به قیمت جانمان تمام شود، در آن صورت می‌توان به مانند راحاب دروغ گفت؟ نقطه نظرات خود را توضیح دهید.

---

---

---

الاهیدانان و مفسّرین کلام خدا در طول قرنها پیرامون این موضوع به بحث و گفتمان پرداخته‌اند. برخی موافق و برخی مخالف هستند. جان پایپر، نویسنده و شبان مسیحی، در این باره چنین می‌نویسد:

> برای شخص خدا پرستی که با ایمان زیست می‌کند این امکان وجود دارد که در رویارویی با شرایط بحرانی [ که زندگی را به خطر می‌اندازند ]، او برای مقابله با نیروی شرارت، خود را مقید به گفتن دروغ ببیند.

البته نباید این نکته را نادیده گرفت که راحاب هنوز یک نوایمان بود. هنگامی که خدا ما را نجات می‌بخشد، او این کار را بر اساس رحمت خود، و علیرغم الگوهای رفتاری گناه‌آلود ما، انجام می‌دهد. سپس سفر تقدیس را شروع می‌کنیم که به درازای عمر زمینی ماست. (به بیان دیگر، بیشتر شبیه مسیح می‌شویم.) قابل درک است که شیوهٔ زندگی کهنه و الگوهای رفتاری راحاب، که احتمالاً دروغ و فریب را نیز شامل می‌شد، فوراً نمُرده باشند.

آیا در زندگی شما الگوی رفتاری گناه‌آلودی وجود داشته است که خدا آن را تقدیس کرده باشد؟ آن را در زیر توضیح دهید.

---

---

---

---

---

در نهایت، نکتهٔ مهّم داستان راحاب تأئید و یا تکذیب دروغگویی نیست، بلکه بیان این حقیقت است که خدا در شرایطی غیر منتظره، و با استفاده از اشخاصی غیر منتظره، در حال عمل است تا جلال خود را نمایان سازد.

در خاتمهٔ مطالعهٔ امروز، به زندگی خود بیندیشید. از شرایطی که خدا از آنها برای پاکسازی و تقدیس شما استفاده کرده است فهرستی تهیه کنید. در حین تهیهٔ این فهرست به این موضوع نیز توجه داشته باشید که خدا برای متحّول کردن ما، غالباً از شرایطی استفاده می‌کند که ما نه آنها را انتخاب می‌کردیم و نه انتظار میداشتیم که تبدیلی واقعی به عمل آورند.

## روز سوم: *ایمانی غیر منتظره*

یوشع ۲:۸-۱۱ *را بخوانید.*

در مطالعهٔ روز گذشته، ما دیدیم که راحاب برای نجات جاسوسان زندگی خود را به خطر انداخت. در مطالعهٔ امروز انگیزهٔ او را بررسی خواهیم کرد. در پُشتِ شهامتی که راحاب از خود نشان داد، چه انگیزه‌ای وجود داشت؟

راحاب به جاسوسان گفت که چرا آنها را یاری می‌کند. او چه دلیلی داشت؟

راحاب به طرزی خاص به دو واقعه از پیروزی‌هایی که خدا به اسرائیلیان داده بود اشاره می‌کند. در آیه‌های زیر به این دو جریان اشاره شده است. به اختصار آنها را توضیح دهید.

## خروج ۱۴:۱-۳۰

## اعداد ۲۱:۲۱-۳۵

با استفاده از ترجمه‌های مختلف کتاب‌مقدس، یوشع ۲:۹-۱۰ را بخوانید. (برای سهولت کار، می‌توانید به رایانه «https://www.bible.com/fa» مراجعه کنید) فهرستی از کلمات، صفات و یا تشبیهاتی تهیه کنید که نشانگر طرز فکر مردم اریحا دربارهٔ اسرائیلیان بود.

پاسخِ راحاب به دو جاسوس، بیانگر این واقعیت بود که کنعانیان شدیداً از اسرائیلیان و خدای آنان در ترس و وحشت بودند. آنها می‌ترسیدند که هرآنچه بر سر دشمنان بنی‌اسرائیل آمده بود، گریبانگیر آنان نیز بشود.

آیهٔ ۱۱ را بخوانید. راحاب در صحبت خود دربارهٔ «خدای اسرائیلیان» او را چه می‌نامد؟

«یهوه» [که گاهی «خداوند» نیز ترجمه شده است] یک اسم عبری بود که یهودیان برای خدا بکار می‌بردند. «یهوه» اسم شخصیِ خدا بود که به خصوصیت عهد نگاه‌دارندگی و وفاداری او نسبت به اسرائیلیان اشاره می‌کرد. این نام هرگز توسط کنعانیان بکار برده نمی‌شد.

راحاب، اگر چه در یک فرهنگ بی‌ایمان بزرگ شده بود، اما در واکنش به جریاناتی که شنیده بود، او تصمیم گرفت تا ایمان خود را بر این خدا [یعنی «یهوه»] بنهد. او قانع شده بود که خدای اسرائیل تنها خدای حقیقی است. و به همین دلیل حاضر شد تا پای جان بر ایمان خود بایستد. راحاب از قدرت و استحکام فوق‌العادهٔ اریحا آگاهی کامل داشت، اما با این وجود او به خدای اسرائیل اعتماد کرد تا بر شهر محصور و قوی او پیروز شود.

آیه‌های زیر را بخوانید. آیهٔ اول، سخنان راحاب خطاب به دو جاسوس است. آیهٔ دوم، سخنان یوشع و کالیب خطاب به قوم اسرائیل است. بین این دو آیه چه تشابهاتی وجود دارد؟ تشابهات را با کشیدن یک دایره مشخص کنید.

> «می‌دانم که خداوند این سرزمین را به شما داده ... است.» (یوشع ۹:۲)
>
> «اگر خداوند از ما خشنود باشد، ما را به این سرزمین خواهد آورد و آن را به ما خواهد بخشید، سرزمینی را که شیر و شهد در آن جاری است.» (اعداد ۸:۱۴)

در جدول زیر، ایمان اسرائیلیان (یعنی آنهایی که این پیغام را برای بار اول شنیدند ـ اعداد ۱۴) را با ایمان راحاب مقایسه کنید.

| | اسرائیلیان | راحاب |
|---|---|---|
| شناخت خدا | | |
| ایمان داشتن به خدا | | |
| قدرت ایمان آنها | | |

آیا متوجه این تفاوت فاحش شدید؟ اسرائیلیان (به جز یوشع و کالیب)، اگر چه اعمال خدا را به چشم خود دیده بودند، اما به قدرت و حاکمیت خدا بر همهٔ امور شک کردند. اما در شهر بُت پرستِ اریحا زنی وجود داشت که بر اساس شناختی که از این خدا در شنیدن چند داستان بدست آورده بود تصمیم گرفت به او ایمان آورد. راحاب بر اساس آنچه بدان ایمان آورده بود عمل کرد (یعقوب ۲:۲۵). ایمان او ایمانی زنده و فعال بود. «همان‌گونه که بدن بدون روح مُرده است، ایمان نیز بدون عمل مُرده است» (یعقوب ۲:۲۶).

آیا در زندگی خود حاضر شده‌اید تا بر اساس ایمانتان به خداوند، قدمی مخاطره‌انگیز بردارید؟

___

___

___

آیا به منظور اطاعت از آنچه او از شما میطلبد، نیاز دارید خدا ایمانتان را تقویت بخشد؟ از خدا بطلبید تا ایمانی قوی به شما بدهد. دعای خود را در زیر بنویسید.

___

___

___

___

___

به مانند اسرائیلیان، ما نیز ممکن است به راحتی ایدهٔ «داشتن ایمان» را جایگزین «زندگی واقعی با ایمان» کنیم. در این راستا، به نمونه‌های زیر توجه کنید:

- **ما در کلیسا بزرگ می‌شویم، اما آنچه که همهٔ عمرمان دربارهٔ آن شنیده‌ایم هرگز ما را تغییر نداده است.**
- **ما موعظه‌های زیادی در باب محبت کردن به دیگران می‌شنویم، اما نسبت به افرادی که از آنها خوشمان نمی‌آید یا بی‌اعتنا هستیم و یا دربارهٔ آنان بدگویی می‌کنیم.**
- **ما معتقدیم که مسیحیان باید به نیازمندان کمک کنند، اما آنچه را که خود داریم با دیگران به شراکت نمی‌گذاریم.**

در زندگی راحاب خدا پا به میان گذاشت. به همین گونه، ما نیز نیاز داریم که خدا در زندگی ما وارد عمل شده و ما را یاری نماید تا ایمانی را که به آن باور داریم [در عمل] زندگی کنیم. دقایقی چند به این پرسش بیندیشید: «در زندگی شما، ایمان را به چه چیزی می‌توان تشبیه کرد (یا به چه چیزی نمی‌توان تشبیه کرد)؟» از خدا بخواهید تا ایمانی زنده، فعال، و مطیع [نسبت به خود] به شما بدهد.

باز شدن دریای سرخ چهل سال پیش اتفاق افتاده بود. بر ما واضح نیست که راحاب چه زمانی این جریان را شنیده بود؛ زمانی که این اتفاق رخ داده بود؟ یا مدت‌ها بعد؟ در هر دو حالت، او ایمان آورد که داستان‌هایی را که شنیده بود حقیقتِ محض، و خدای اسرائیلیان تنها خدای راستین بود. راحاب حاضر بود به خاطر این نوع ایمان همه چیز را به مخاطره بیندازد.

آیا شما شخص نوایمانی را می‌شناسید که ایمانش برای شما قابل تحسین باشد؟ در خاتمهٔ مطالعهٔ امروز نامه‌ای تشویق آمیز برای این شخص بنویسید. به او بگویید که خدا را به خاطر آنچه که در زندگی او انجام می‌دهد سپاسگزارید. (اگر خودِ شما نو ایمان هستید، نامه‌ای به معلم یا مشوّق خود بنویسید و از او قدردانی کنید.)

# روز چهارم: قدرت داستان‌های خدا

**رومیان ۱۰:۱۳-۱۷ را بخوانید.**

خدا جاسوسان را به مسافرخانهٔ راحاب هدایت نموده بود، به مکانی که شنیدن شهادت ایمانی راحاب احتمالاً آنان را بسیار شگفت زده کرده بود. داستان او نشان می‌دهد که وقتی مردم دربارهٔ اعمال عظیم خدا می‌شنوند، چه اتفاقی می‌افتد.

آیا قبل از اینکه شما ایمان بیاورید، داستانی دربارۀ خدا شنیده بودید؟ حتی اگر شما در کودکی به مسیح ایمان آورده‌اید، به احتمال بسیار قوی شما داستان‌هایی دربارۀ او در کلاسهای کانون شادی و یا از والدین خود شنیده بودید. این داستان‌ها چه اثری بر زندگی شما به جا گذاشته‌اند؟

**هر گاه که دنیای گمشده شواهدی از اعمال فوق طبیعی دست خدا را در میان پیروانش می‌بیند، توجه‌اش برانگیخته می شود.** بعضی خواهند ترسید، تعدادی دل خود را سخت خواهند ساخت، و برخی ایمان خواهند آورد. داستان‌های اعمال خدا، به صورتی منحصر به فرد، در قلب و فکر ما نفوذ می‌کنند. نجات انسان‌ها معجزۀ اسرارآمیزی است که خدا انجام می‌دهد. با این حال، نقش خاصی وجود دارد که او می‌خواهد ما آن را ایفا کنیم.

در زمان کودکی هنگامی که پدر یا مادرتان از شما می‌خواستند تا آنان را در انجام کارهای منزل یاری کنید، آیا ذوق زده نمی‌شدید؟ چقدر بیشتر ... دعوت شدن به همکاری با خدا باید ما را هیجان زده کند!

متن زیر را بخوانید، و در زیرِ عباراتی که نشانگر خواست خدا برای همۀ مردم است خط بکشید.

> «چرا که این نیکو و پسندیدۀ نجات‌دهندۀ ما خداست که می‌خواهد همگان نجات یابند و به معرفت حقیقت نائل گردند.» (اول تیموتاوس ۲:۳-۴)
>
> «اما ای عزیزان، از این نکته غافل مباشید که نزد خداوند یک روز همچون هزار سال است و هزار سال همچون یک روز. بر خلاف گمان برخی، خداوند در انجام وعده‌اش تأخیر نمی‌ورزد، بلکه با شما بردبار است، چه نمی‌خواهد کسی هلاک شود بلکه می‌خواهد همگان به توبه گرایند.» (دوم پطرس ۳:۸-۹)

یک بار دیگر رومیان ۱۰:۱۴-۱۷ را بخوانید. اگر آیه‌های ۱۳-۱۵ را بصورت وارونه (از انتهای آیه ۱۵ شروع کنید تا به ابتدای آیه ۱۳ برسید) بخوانید، شاهد چهار قدم خواهید شد که اشخاص را به خواندن نام خداوند هدایت می‌کنند. این چهار قدم را مشخص کنید؟

- ........................................
- ........................................
- ........................................
- ........................................

قبل از آنکه کسی بتواند به مسیح ایمان آورد، او ابتدا باید دربارهٔ مسیح بشنود. خدا از ما می‌خواهد تا دربارهٔ او با مردم صحبت کنیم. واژهٔ یونانی که [در ترجمهٔ قدیمی آیهٔ ۱۴] برای «واعظ» بکار برده شده است «کروسو Kerusso» می‌باشد. معنی این کلمه می‌تواند «انتشار دادن و آشکارا اعلام کردن کاری که انجام شده است» باشد.

حتی اگر «وعظ کردن» شغل و حرفهٔ ما نباشد، اما ما موظفیم که خبر خوش انجیل را اعلام کنیم و داستان اعمالی که خدا انجام داده است را با دیگران در میان بگذاریم. خدا ما را برای اشاعهٔ انجیل هم به ممالک دور می‌فرستد و هم به سوی شخصی که در همسایگی‌مان زندگی می‌کند، یا به نزد سایر والدین در مدرسهٔ فرزندانمان، و یا همان کسی که در محیط شغلی کنار ما می‌نشیند.

نام حداقل دو نفر از اطرافیان خود را که می‌توانید داستان‌های خدا را با آنها درمیان بگذارید در زیر بنویسید.

۱.

۲.

دقایقی چند مکث کنید. دعا کنید تا خدا شرایطی ترتیب دهد تا شما بتوانید انجیل مسیح را با این افراد در میان بگذارید. از خدا بطلبید تا او قلب آنها را برای شنیدن آماده سازد. مطالعهٔ فردا ما را در آموختن اینکه «چگونه می‌توان داستان‌های خدا را با دیگران درمیان گذاشت» یاری خواهد داد.

# روز پنجم: همواره آماده باشید

**اول پطرس ۱۵:۳ را بخوانید.**

آیا شما از «در میان گذاشتن ایمانتان با دیگران» واهمه دارید؟ اگر اینچنین است، بدانید که شما تنها نیستید.

مطالعات تحقیقاتی مؤسسهٔ آماری «بارنا» اعلام کرده است که «اکثر آمریکائی‌ها به ندرت دربارهٔ مسائل روحانی صحبت می‌کنند. حتی مسیحیان، نسبت به این مورد، بی‌میلی نشان می‌دهند.»

این تحقیقات نشان می‌دهد که تنها ۲۹٪ مسیحیان معتقدند که بشارت از وظایف کلیسای محلی است. این در حالی است که ۴۷٪ مسیحیان اقرار کرده‌اند که اگر آنها بدانند دوستان غیر مسیحی‌شان آنها را رّد خواهند کرد، از صحبت‌های روحانی با آنها اجتناب خواهند ورزید.

شاید این بی میلی در ما به خاطر این است که مسئله را برای خود خیلی بغرنج کرده‌ایم. واقعیت این است که کُل آنچه ما باید انجام دهیم این است که داستان خدای خود را به آنها بگوییم. در میان گذاشتن آنچه خدا در زندگی خود ما انجام داده است، به سادگی می‌تواند خدا را جلال دهد و شنوندگان را به سوی او جذب نماید.

برای درک بهتر این موضوع، فهرستی از حداقل سه داستان دربارهٔ کار مسیح در زندگی شخص خود، در خانوادهٔ خود، در کلیسای خود، در اجتماعی که خود در آن زندگی می‌کنید، و یا ... تهیه کنید؛ داستان‌هایی که می‌توانید آنها را با دیگران در میان بگذارید. لازم نیست که به همهٔ جزئیات داستان بپردازید. آنچه را که به ذهنتان می‌آید به اختصار در زیر بنویسید.

۱.

۲.

۳.

آیهٔ اول پطرس ۳:۱۵ را در زیر بنویسید.

_____

_____

_____


اکنون به اول پطرس ۱:۱ مراجعه کنید. پطرس مطالب خود را خطاب به چه کسانی می‌نویسد؟

_____

_____

_____


مخاطبین پطرس مسیحیانِ ایمانداری بودند که در سرزمینهای تحت سلطهٔ روم زندگی می‌کردند. موضوع کُلی این رساله این است: جفاها و سختی‌ها را تحمل کنید و وفادار بمانید (۶:۱-۷، ۱۸:۲- ۲۰، ۱۳:۳-۱۷، ۴:۱-۱۴ و ۱۹-۱۲، ۹:۵). شاید زندگی در فرهنگی کاملاً بی ایمان، و بودن تحت سلطهٔ دولتی بسیار ستمگر، مخاطبین پطرس را بر آن داشته بود تا ایمان خود را پنهان کنند. پطرس به مخاطبین خود خط مشی [یک استراتژی] می‌دهد تا آنها بدانند چگونه ایمان خود را با شهامت با دیگران درمیان بگذارند.


پطرس از شنوندگان مسیحی خود می خواهد تا برای به اشتراک گذاشتن چه مورد خاصی همواره آماده باشند؟

_____

_____

_____


توجه کنید! پطرس از آنها نمی‌خواهد که برای موارد زیر آماده باشند:

- او از آنها **نمی‌خواهد** که خود را برای تلاوت بخش‌های بزرگ کتاب‌مقدس آماده کنند.

- او از آنها **نمی‌خواهد** تا بدنبال اثبات رستاخیز و یا الوهیت مسیح باشند.

- او از آنها **نمی‌خواهد** که با ارائهٔ استدلال قانع کننده‌ای ثابت کنند که چرا جفا کنندگانشان باید توبه کنند.

او به سادگی از آنها می‌خواهد که همواره آماده باشند تا دلیل امید خود را با دیگران در میان بگذارند. به عبارت دیگر، <u>او از آنها می‌خواهد که همواره آماده به اشتراک گذاردن داستان خدا با دیگران باشند.</u>

بحث کردن با «امیـد» کار دشواری است. دربارهٔ تجربهٔ شخصیتان با خدا، هیچ‌کس نمی‌تواند با شما جر و بحث کند. و اگر مسیح به شما امید بخشیده است، چرا شما نباید این امید را با دیگرانی که هنوز او را نمی‌شناسند به اشتراک بگذارید؟

امثال سلیمان ۷:۱ را بخوانید. بر اساس این آیه، راه رسیدن به حکمت چیست؟

_____

_____

_____

امثال سلیمان ۲۵:۲۹ را نیز بخوانید. این آیه دربارهٔ چه چیزی هشدار می‌دهد؟

_____

_____

_____

شاید یکی از دلایلی که ما حاضر نیستیم ایمان خود را با دیگران در میان بگذاریم این است که می‌ترسیم شخص مقابل ما را طرد کند و یا اینکه طرز فکر خود را در مورد ما عوض کند. از خود بپرسید: «آیا ترس از مردم تا به حال باعث شده است که ایمان خود را با کسی در میان نگذارم؟»

_____

_____

_____

فصل دوازدهم کتاب مکاشفه صحنهٔ مقتدری را به تصویر می‌کشد. پس از وقوع نبرد بزرگی در آسمان، شیطان از آسمان به زمین افکنده می‌شود (آیهٔ ۹)، و صدایی بلند از آسمان اعلام می‌کند: «اکنون نجات و قدرت و پادشاهیِ خدای ما، و اقتدارِ مسیحِ او فرا رسیده است. زیرا که آن مدّعیِ برادرانِ ما که شبانه روز در پیشگاه خدای ما بر آنان اتهام می‌زند، به زیر افکنده شده است.» (آیهٔ ۱۰)

بر اساس آیهٔ ۱۱، فرزندان خدا با استفاده از دو اسلحه بر شیطان غالب آمدند. آیهٔ ۱۱ را بخوانید و نام این دو اسلحه را در زیر یادداشت کنید.

۱.

۲.

در نهایت، قدرت لازم برای نجات جانها و تبدیل زندگی‌ها از قربانی مسیح بر صلیب صادر می‌گردد. اما ما نیز با در میان گذاشتن شهادت و داستان نجاتمان و دیگر اعمال خدا [که همگی داستان‌های خدا هستند] می‌توانیم در این بخش سهمی داشته باشیم.

آخرین باری که شما «امیدِ خود در مسیح» را با یک غیرمسیحی در میان گذاشتید، چه زمانی بوده است؟

_____

_____

_____

_____

_____

غالباً چه چیزی شما را از انجام این کار باز می‌دارد؟

_____

_____

_____

_____

_____

اگر همسایه، دوست، و یا همکار شما از شما بخواهد که دربارهٔ امیدی که در مسیح دارید به او توضیح دهید، آیا شما برای انجام این کار آمادگی دارید؟

_____

_____

_____

_____

_____

دقایقی چند بر این پرسش تفکر کنید: «چـرا مـن امیـد دارم؟» در حالی که به این موضوع فکر می‌کنید، دعا کنید تا خدا فرصتهایی برای شما مهیا کند تا داستان اعمال خدا در زندگی خود را با دیگرانی که نیازِ مبرم به شنیدن آنها دارند، در میان بگذارید. چه بسا ممکن است برخی از آن افراد راحاب‌هایی باشند که توسط شنیدن داستان اعمال خدا در زندگی شما به سوی مسیح جذب شده و ایمان آورند.

_____

_____

_____

_____

_____

_____

آیهٔ

# ریسمان قرمز

بافتن ریسمان قرمز نجات، از زمان پوشاندن عریانی آدم و حوا، همچنان ادامه می‌یابد تا به مردی به نام ابراهیم می‌رسد. خدا ابراهیم را فرا خواند تا پدر قوم برگزیده‌اش باشد. اما مشکلی در میان بود: ابراهیم سالخورده و سارا همسرش نازا بود. خدا چگونه می‌توانست وعدهٔ خود را به کمال برساند؟ این معمایی اسرارآمیز بود ... تا اینکه ابراهیم و سارا بصورتی معجزه‌آسا صاحب پسری به نام اسحاق شدند. همه چیز به خوبی و خوشی پیش می‌رفت تا اینکه خدا از ابراهیم خواست تا کاری غیر منتظره انجام دهد: «پسرت را که یگانه پسر توست و او را دوست می‌داری، یعنی اسحاق را بر گیر و ... چون قربانی ... تقدیم کُن.» ابراهیم اطاعت نمود و حاضر شد تا این قدم پُر مخاطره را بردارد زیرا او ایمان داشت که خدا به وعدهٔ خود عمل خواهد کرد. خدا نیز به شکلی بسیار غیر منتظره عمل نمود. این موضوع در آیهٔ ریسمان قرمز این هفته مشهود است.

> «ابراهیم سر بلند کرد و پشت سرش قوچی را دید که با شاخ‌هایش در بوته‌ای گرفتار شده بود. ابراهیم رفته، قوچ را گرفت و آن را به جای پسرش، چون قربانیِ تمام سوز تقدیم کرد. پس ابراهیم آن مکان را «خداوند فراهم خواهد کرد» نامید. و تا امروز نیز گفته می‌شود: «بر کوهِ خداوند، فراهم خواهد شد.»
>
> (پیدایش ۲۲:‏۱۳-۱۴)

اسحاق زنده ماند و از نسل او ملتی پدید آمد که خدا وعدهٔ آن را داده بود. خدا به ایمان ابراهیم نظر کرد و آن را برای ابراهیم عدالت محسوب نمود. اما در مورد گناه، چه؟ گناه در دنیا همچنان مشکل حل نشده‌ای بود. پسرِ وعده داده شدهٔ دیگری قرار بود بر صحنه ظاهر شود تا بر کوه دیگری رهایی خدا را فراهم کند. اما چه زمانی؟ ادامهٔ رّد این ریسمان رهایی و گذشت زمان آن را به زودی آشکار خواهد کرد.

آیهٔ حفظی

در طول این هفته بر این آیه تفکر کرده و آن را حفظ کنید.

# محبت‌های خداوند هرگز پایان نمی‌پذیرد، زیرا که رحمت‌های او بی‌زوال است.

مراثی ارمیا ۳:۲۲

# هفتهٔ سوم

## مِهربانیِ محبتانهٔ خدا

موضوع هفته: به خاطر مهربانی دائمی خدا، شما می‌توانید با شهامت قدم بردارید.

در کنفرانس «زن راستین ۲۰۱۲» در شهر ایندیاناپولیس در آمریکا، زنی به نام سوزان در حالی که در وقت تنفس از محل کنفرانس بیرون رفته بود تا برای خود پیتزا بخرد، با صحنه‌ای روبرو شد که او را واداشت تا با شهامت قدم بردارد.

در حینی که سوزان مشغول خوردن بود، متوجهٔ دختر جوانی شد که با تلفن در حال مشاجره با دوست پسرش بود و می‌گفت: «تو منو توی این وضعیت اسفناک انداختی! و حالا هم تو باید منو از این باتلاق نجات بدی!» و با صدای بلند فریاد میزد: «این تو هستی که باید برام از دکتر وقت بگیری تا بچه رو سقط کنم!»

سوزان در خودش احساس عجیبی داشت. قدرتی درونی داشت سوزان را به سوی این دختر می‌کشید تا با او صحبت کند. اما سوزان دو دل بود! این دختر، نسبت به یک غریبه، چه واکنشی نشان می‌داد؟ آیا او فکر نمی‌کرد که سوزان (به مانند همهٔ مسیحیان) چه آدم عجیب و دیوانه‌ای است؟

اما سوزان نمی‌توانست انکار کند که این خدا بود که در درون او این حس را به وجود آورده بود که باید کاری کند. سوزان بالاخره قدم برداشت و به آن دختر گفت که همهٔ حرفهای او را شنیده است. سوزان دقایقی با او همدردی کرد و او را متقاعد نمود که به جای سقط جنین گزینهٔ دیگری هم وجود دارد. سپس سوزان داستانی را با او در میان گذاشت که به ندرت به کسی گفته بود. مردی به او تجاوز کرده بود. سوزان که باردار شده بود تصمیم به سقط جنین می‌گیرد. داستان سوزان دربارهٔ حس پشیمانی و تقصیری است که از آن زمان تا به حال با خود حمل کرده بود. دختر جوان که فوق‌العاده تحت‌تأثیر صحبت‌های سوزان واقع شده بود، پذیرفت که برای دریافت کمک به یکی از مراکز بحران بارداری برود.

هنگامی که سوزان حاضر شد قدم برداشته و وارد چنین موقعیتی شود، او داشت خود را به مخاطره می‌انداخت. در فرهنگ مدرن امروزی، صحبت کردن با یک غریبه و تلاش در قانع کردن او به اجتناب از سقط جنین مکروه و غیر قابل پذیرش است. سوزان، با به اشتراک گذاشتن سرگذشت خودش، خود را در موقعیتی قرار داده بود که به راحتی می‌توانست رد شود. اما از آنجایی که خدا برای زندگی آدمیان ارزش قائل است، سوزان می‌دانست که علیرغم هر گونه خطر احتمالی، او باید زبان به سخن بگشاید.

هنگامی که ما به خدا توکل می‌کنیم و محبت و فیض و رحمت او را به یاد می‌آوریم، شهامت می‌یابیم تا با هر چالشی روبرو شویم. در طول مطالعهٔ این هفته خواهیم دید که ایمانِ به خدا راحاب را کمک کرد تا او قدمی پُر مخاطره در جهت نجات آن دو جاسوس بردارد.

# روز اول: شجاعت در حرکت برخلاف مسیر عامه‌پسند

**یوشع ۲:۸-۱۴ را بخوانید.**

در مطالعهٔ هفتهٔ پیش دیدیم که اعلام کارهای خدا چه نتایجی به بار می‌آورد. داستان اعمال خدا هم بر زندگی راحاب اثر گذاشته بود و هم بر کُلِ فرهنگ! اگر چه راحاب می‌دانست که همهٔ این داستان‌ها حقیقت دارند و چنین خدایی خدای حقیقی است، با این وجود قدمی که او برداشت شجاعت فوق‌العاده‌ای می‌طلبید.

با کاری که راحاب کرد، او چه چیزی را به مخاطره می‌انداخت؟

_____

_____

_____

چرا راحاب تصمیم گرفت تا شجاعانه قدم بردارد؟ (راهنمایی: به آیهٔ ۱۱ مراجعه کنید.)

---

---

---

از روزی که تصمیم به پیروی از مسیح گرفتید تا به امروز، چه چیزی دربارهٔ خدا آموخته‌اید؟ فهرستی از آموخته‌های خود تهیه کنید.

---

---

---

راحاب با کمک به جاسوسان، زندگی خود را به خطر می‌انداخت. با ادعای اینکه «از این به بعد، خدای اسرائیل را پیروی خواهم نمود» او اقدام به انکار سیستم باورهای دنیای اطرافش کرده بود.

مواقعی وجود دارد که در پاسخ به حاکمیت مطلق خدا، ما باید به مانند راحاب حاضر شویم تا برای انجام دادن آنچه درست است قدم‌های پُر مخاطره برداریم. این خودِ خداست که [به خاطر مسیح و پادشاهی‌اش] ما را در اتخاذ اینچنین تصمیمات دشواری شجاعت می‌بخشد.

در آیه‌های زیر به افرادی اشاره شده است که حاضر شدند به خاطر انجام آنچه در نظر خدا راست بود، خود را به خطر بیندازند. با کشیدن یک خط، هر یک آیه را به جمله‌ای که به آن مربوط است وصل کنید.

| | |
|---|---|
| نوح (پیدایش ۶) | با دعا کردن به خدا، قانون پادشاه را شکست. |
| استر (استر ۲:۵) | در بیابان زندگی کرد، و رهبران مذهبی عصر خود را محکوم نمود. |
| دانیال (دانیال ۶:۱۰-۱۱) | از سر خم کردن در مقابل مجسمهٔ طلایی و پرستش آن اجتناب ورزیدند. |
| شدرک، میشک، عبد نغو (دانیال ۳) | یک کشتی بنا کرد تا خانوادهٔ خود و یک جفت از هر حیوان روی زمین را نجات دهد. |
| یحیای تعمید دهنده (متی ۳:۱-۶) | با رفتن به ملاقات پادشاه جان خود را، برای نجات یهودیان، به خطر انداخت. |

آیا افراد دیگری در کلام خدا و یا در تاریخ می‌شناسید که در راه پیروی از مسیح، امنیت و آبروی خود را به خطر انداخته باشند؟

_____

_____

_____

نمونهٔ آنها چگونه شما را تشویق می‌کند؟

_____

_____

_____

عبرانیان ۳۲:۱۱-۳۸ را بخوانید. اشخاص توصیف شده در این بخش، چه چیزهایی را به خاطر ایمانشان به خطر انداختند؟

_____

_____

_____

اکنون آیه‌های ۱۳-۱۶ را بخوانید. چرا این افرادِ مؤمن دست از همه چیز شسته بودند؟

_____

_____

_____

چگونه دانستن اینکه شهری سماوی (خانهٔ ابدی با خدا) در انتظار شماست، شما را کمک می‌کند تا خطرات اطاعت از خداوند را به جان بخرید؟ آیا مواردی در زندگی شما وجود دارد که ترس از مردم و یا ترس از عواقب خطرناک شما را واداشته باشند که مسیح را فقط زمانی پیروی کنید که ابتدا اطمینان یافته باشید که با هیچ خطری روبرو نخواهید شد؟

_____

_____

_____

# روز دوم: داشتن نگرشی والا نسبت به خدا

*اشعیا ۶:۱-۶ را بخوانید.*

چنانکه در مطالعهٔ روز اول دیدیم، راحاب به خاطر ایمانش به خدا، شجاعانه حاضر شد تا جان خود را به خطر بیندازد. اگر چه ممکن بود او همه چیز را از دست بدهد، اما او مایل بود که جاسوسان را پنهان کند. چرا؟ زیرا خدا به او شهامت بخشیده بود.

بر اساس آنچه تا به حال از این مطالعه آموخته‌ایم، به نظر شما راحاب چه نگرشی نسبت به خدا داشت؟

**باورهای شما درباره خدا تعیین کننده همه چیز در زندگی مسیحی شماست.**

- نگرش شما نسبت به خداست که تعیین می‌کند آیا با گناهانتان مبارزه خواهید کرد یا نه.
- نگرش شما نسبت به خداست که تعیین می‌کند آیا زمانی که اطاعت کردن از خدا همه پسند نیست، شما همچنان مایل به اطاعت از خدا خواهید بود یا نه.
- نگرش شما نسبت به خداست که تعیین می‌کند چگونه در رویارویی با چالش‌های زندگی واکنش نشان خواهید داد؛ با امید و آرامش؟ یا با ترس و نگرانی؟

نوع نگرش ما نسبت به خدا چه ثمرات دیگری به همراه دارد؟ آنها را در زیر بنویسید.

داشتن نگرشی والا نسبت به خدا زمانی در ما پدید خواهد آمد که ما خدا را بشناسیم و به شخصیت او اطمینان داشته باشیم. بر عکس، عدم داشتن چنین نگرش والایی نسبت به خدا یا نتیجۀ **عدم شناخت** خدایی است که خود را در کلامش شناسانیده است و یا نتیجۀ **ایمان نیاوردن** به آنچه او دربارۀ خود ادعا می‌کند.

با استفاده از نمودار زیر، نگرش خود نسبت به خدا را در عرصه‌های مختلف ارزیابی کنید. این نمودار برای شرمگین ساختن شما نیست. هدف این نمودار این است که شما را در تشخیص بخش‌هایی که داشتن نگرشی والا نسبت به خدا چالش برانگیز است یاری دهد. پس در دعا از خدا کمک بطلبید تا در این ارزیابی بتوانید هم درست ببینید و هم درست واکنش نشان دهید.

## نگرش من نسبت به خدا در مورد ...

من شک دارم که این موضوع دربارۀ خدا مصداق داشته باشد = ۱

من می‌دانم که این موضوع دربارۀ خدا حقیقت دارد، اما گاهی اوقات یا آن را فراموش می‌کنم و یا نسبت به آن شک پیدا می‌کنم. = ۵

من کاملاً مطمئنم که این موضوع حقیقت دارد و با ایمان به آن زندگی می‌کنم = ۱۰

**حاکمیت مطلق خدا**

۱ ۲ ۳ ۴ ۵ ۶ ۷ ۸ ۹ ۱۰

**قابل اعتماد بودن خدا**

۱ ۲ ۳ ۴ ۵ ۶ ۷ ۸ ۹ ۱۰

**محبت خدا**

۱ ۲ ۳ ۴ ۵ ۶ ۷ ۸ ۹ ۱۰

**بخشش و آمرزش خدا**

۱ ۲ ۳ ۴ ۵ ۶ ۷ ۸ ۹ ۱۰

**قدرت خدا**

۱۰    ۹    ۸    ۷    ۶    ۵    ۴    ۳    ۲    ۱

**صبر و تحمل خدا**

۱۰    ۹    ۸    ۷    ۶    ۵    ۴    ۳    ۲    ۱

**قدوسیت خدا**

۱۰    ۹    ۸    ۷    ۶    ۵    ۴    ۳    ۲    ۱

**نیکویی خدا**

۱۰    ۹    ۸    ۷    ۶    ۵    ۴    ۳    ۲    ۱

در این ارزیابی آیا شاهد قسمت‌هایی از زندگی خود شدید که در آنها دانش عقلانی شما دربارهٔ خدا هیچگونه تأثیری بر قلب و وجود شما نگذاشته باشد؟

_____

_____

_____

در حال حاضر چه چیزی در زندگی شما [یک موقعیت، یک واقعه، ...] ثابت می‌کند که نسبت به یک و یا چند جنبه از شخصیت خدا شک و تردید دارید؟ کدام جنبه از شخصیت خدا؟ با صدای بلند آن را با خدا در میان بگذارید.

_____

_____

_____

_____

_____

_____

راحاب نگرش خود نسبت به خدای عبرانیان را بر چه اساسی بنا نهاد؟ راحاب، در مورد شخصیت این خدا، به چه نتیجه‌ای رسید؟

همگی ما، در نفْسِ خود (یا همان طبیعت نجات نیافته)، نگرشی بسیار والا از خودمان داریم. کلام خدا آن را تکبّر می‌نامد. مهمترین چیز برای ما، نه ارادهٔ خداست و نه آنچه که برای او مهم باشد. مهمترین چیز برای ما، احساسات خودمان، افکار خودمان، آرزوهای بلندپروازانهٔ خودمان، نقشه‌های خودمان ،ایده‌های خودمان، و عقاید خودمان است. روح‌القدس تنها شخصی است که می‌تواند ما را دگرگون کرده و از دام تکبر آزادی بخشد.

ما در طول کتاب‌مقدس شاهد افرادی هستیم که در ملاقات با خدا، نگرش آنان نسبت به خدا بطور کامل تغییر کرد. ایوب و اشعیا در این رده قرار داشتند.

آیه‌های زیر را بخوانید و چگونگی دست یافتن این دو نفر به درک کاملاً جدیدی از خدا را توضیح دهید.

### ایوب (ایوب ۴۲:۱-۶)

### اشعیا (اشعیا ۶:۱-۶)

اگر چه ایوب و اشعیا، هر دو قبل از این تجربه، به خدا ایمان داشتند، امّا ناعادلانه نخواهد بود اگر بگوییم که تا زمانی که با قدوسیت و حاکمیت مطلق خدا روبرو نشده بودند، نگرشِ آنان نسبت به خدا بسیار محدود و ضعیف بود.

**هنگامی که ما خود را به آن خداوند قدوس که حاکم مطلق آسمان و زمین است تسلیم می‌کنیم . خداوندی که محبت پایدار و وفادارانهٔ خود را هر روز به فراوانی بر ما ارزانی می‌دارد . آن زمان است که به شادی، آرامش، و قناعت دست خواهیم یافت.**

همانند اشعیا که خدا را در قُدسش بر تخت پادشاهی‌اش نشسته دید، یوحنا نیز در رؤیا قُدس و تخت پادشاهی خدا را در آسمان دید؛ صحنه‌ای که در مکاشفه ۴ ثبت شده است. این بخش از کلام خدا را که در زیر آمده است بخوانید. دور همهٔ افراد و موجوداتی که در حال پرستش خدا هستند دایره بکشید. در زیر همهٔ کلماتی که خدا را توصیف می‌کنند خط بکشید. و بخشی را که توصیف کنندهٔ واکنش آن پیران نسبت به عظمت خدا بود با ترسیم کردن یک مربع مشخص کنید.

پس از آن نظر کردم و اینک پیشِ رویم دری گشوده در آسمان بود، و همان صدایِ چون بانگِ شیپور که نخست بار با من سخن گفته بود، دیگر بار گفت: «بالا بیا، و من آنچه را بعد از این می‌باید واقع شود، بر تو خواهم نمود.» در دَم در روح شدم و هان تختی پیش رویم در آسمان قرار داشت و بر آن تخت کسی نشسته بود. آن تخت‌نشین، ظاهری چون سنگِ یشم و عقیق داشت و دُور تا دُورِ تخت را رنگین‌کمانی زُمرّدگون فرا گرفته بود. گرداگرد تخت، بیست و چهار تختِ دیگر بود و بر آنها بیست و چهار پیر نشسته بودند. آنان جامهٔ سفید بر تن داشتند و تاجِ طلا بر سر. و از تخت، برقِ آذرخش برمی‌خاست و غریو غرّش رعد. پیشاپیشِ تخت، هفت مشعلِ مُشتعل بود. اینها هفت روحِ خدایند. و پیشِ تخت، چیزی بود که به دریایی از شیشه می‌مانست، چون بلور.

در آن میان، در اطراف تخت، چهار موجود زنده بود، پوشیده از چشم، از پیش و از پس. موجود زندهٔ اوّل، به شیر می‌مانست و موجود زندهٔ دوّم به گوساله. سوّمی، صورت انسان داشت و چهارمی، چونان عقابی بود در پرواز. آنها هر کدام شش بال داشتند و دُور تا دُور، حتی زیر بال‌ها، پوشیده از چشم بودند، و شبانه‌روز بی‌وقفه می‌گفتند:

«قدّوس، قدّوس، قدّوس است خداوندْ خدای قادرِ مطلق، او که بود و هست و می‌آید.»

هر بار که آن موجودهای زنده، جلال و عزّت و سپاس نثار آن تخت‌نشین می‌کنند که جاودانه زنده است، آن بیست و چهار پیر پیشِ روی تخت‌نشین بر خاک می‌افتند و او را که جاودانه زنده است می‌پرستند و پیش تختِ او تاج از سر فرو می‌گذارند و می‌گویند:

«ای خداوندْ خدای ما، تو سزاوار جلال و عزّت و قدرتی، زیرا که آفریدگارِ همه چیز تویی و همه چیز به خواستِ تو وجود یافت و به خواستِ تو آفریده شد.»

در واکنش به کیستی بودن خدا، «انداختن تاجها به پیشِ تختِ خدا» برای ما چه مفهومی دارد؟

_____
_____
_____
_____
_____
_____
_____

# روز سوم: رهایی دهندهٔ ما

**یوشع ۲:۱۲-۱۳ را بخوانید.**

راحاب بر این حقیقت واقف بود که خدا بر همه چیز حاکمیت مطلق دارد. او میدانست که خدا آن سرزمین را به بنی‌اسرائیل داده بود. راحاب، در رابطه با اتفاقی که قرار بود گریبانگیر اهالی اریحا شود، چه اطلاعات دیگری داشت؟

---

---

---

بدون شک آرزوی راحاب این بود که از مرگ حتمی نجات پیدا کند (آرزویی که همهٔ ما می‌داشتیم). با این حال، در درخواستِ او برای نجات، سایه‌هایی از خبر خوش انجیل مسیح را می‌بینیم.

راحاب قدوسیتِ خدا را زیر پا گذاشته بود. بنابراین گناه او سزاوار مجازات [یعنی مرگ] بود. به همین منوال، از آنجا که همگی ما گناهکار هستیم، ما نیز سزاوار مجازات [یعنی مرگ] هستیم.

چرا [کلام] خدا اینقدر بر گناه راحاب تأکید می‌کند؟ شاید هدف این است تا من و شما هرگز فراموش نکنیم که خدا راحاب را علیرغم اینکه گناهکار و سزاوار داوری عادلانهٔ خدا بود، از مجازات گناه رهایی داد. فیض و رحمت خدا در زندگی راحاب ما را به امیدی که انجیل ارائه می‌دهد رهنمون می‌کند.

همهٔ ما در گناه زاده شده، و تحت محکومیت و داوری خدا قرار داریم. اگر خدا مایل بود این زن را به خاطر ایمانی که داشت از نابودی حتمی نجات دهد، به یقین همین خدا مایل است که ما را نیز رهایی دهد.

حتی در زندگی ما ایمانداران که در نبرد مستمر با گناه هستیم، گاهی خدا به یک باره کارِ بزرگی انجام می‌دهد. آیا تا به حال شده که سنگینیِ بارِ گناهِ خود را به طرزی ملموس احساس کرده، و با تمام وجود مشتاق بوده باشید تا از داوری و مجازاتِ آن آزاد شوید؟ آن را شرح دهید.

---

**داستان راحاب نمونهٔ بارزی است از دو اصل: الف) فیضِ عجیب خدا [فیضی که برای فهم انسانی غیر قابل باور است] و ب) خدا نجات و رهایی از گناه را به هر یک از ما نیز ارائه می‌دهد.**

جزوهٔ «جادهٔ رومیان» حاوی یک سری آیه‌های خاصی است که غالب اوقات برای تشریح نقشهٔ نجات توسط عیسای مسیح بکار گرفته می‌شود. به آیه‌های مذکور در زیر [که از رساله به رومیان اخذ شده‌اند] مراجعه کنید. چگونه واقعیت این آیه‌ها در داستان راحاب و در داستان شما مشهود بوده است؟

رومیان ۱:۲۰-۲۱

راحاب:

من:

رومیان ۳:۱۰

راحاب:

من:

رومیان ۳:۲۳

راحاب:

من:

رومیان ۵:۸

راحاب:

من:

رومیان ۶:۲۳

راحاب:

من:

رومیان ۱۰:۹-۱۰

راحاب:

من:

# روز چهارم: «خِسِدِ» خداوند

***اشعیا ۶:۱-۶ را بخوانید.***

درخواست راحاب از جاسوسان را با کلمات خود در زیر بنویسید.

---

---

---

برخورد مهربانانهٔ راحاب با جاسوسان به چهار طریق دیده می‌شود. این چهار روش را در زیر بنویسید.

۱.

۲.

۳.

۴.

راحاب در قبال لطفی که نشان داد، از آنها چه درخواستی نمود؟

_____

_____

_____

هر چند که ما پایان این داستان را می‌دانیم، اما نباید غافل بود که راحاب نمی‌دانست که چه اتفاقی رخ خواهد داد. او به جاسوسان التماس نمود تا او را از آن غضبِ زود رس رهایی دهند. اما با این درخواست، راحاب باید این را نیز در نظر گرفته باشد که زندگی او دیگر هرگز به مثال سابق نخواهد بود. پس از سقوط اریحا، زندگی راحاب چگونه تغییر می‌کرد؟

_____

_____

_____

اگر چه راحاب از هلاکت در اریحا رهایی می‌یافت، اما او خانه، تملک، و معیشتِ خود را از دست می‌داد. با این حال، به نظر می‌رسد که راحاب درک کرده بود که فقط یک امید برای او باقی مانده بود ... یعنی پناه بردن به خدای اسرائیل و قوم خدا.

یوشع ۲:۱۲-۱۴ را بخوانید. دور هر کلمه‌ای که در برگیرندۀ مفهوم مهربانی [و یا محبت] است دایره بکشید.

«پس حال، برایم به خداوند سوگند یاد کنید که همان گونه که من به شما محبت کردم، شما نیز بر خاندانم محبت روا خواهید داشت. به من نشانه‌ای از حُسن نیّت بدهید که پدر و مادرم، برادران و خواهرانم و هر چه را که دارند، زنده خواهید گذاشت و جان ما را از مرگ خواهید رهانید.» آن مردان به راحاب گفتند: «جانِ ما ضمانت جان شما! اگر دربارۀ این کارِ ما چیزی نگویی، هنگامی که خداوند این سرزمین را به ما بدهد، با شما به محبت و امانت رفتار خواهیم کرد.»

واژۀ محبت (یا احسان و مهربانی) که در این متن بکار گرفته شده است، با کلمۀ عبری «خِسِد» در ارتباط است. هنگامی که فاعلِ «خِسِد» خدا باشد، معنای آن محبت وفادارانه، پایدار، و جاودانۀ او نسبت به قومش می‌باشد. اینگونه محبت، محبتی است که خدا را وا می‌دارد تا بطور بی‌امان و پیگیر به دنبال ما آید. «خِسِد» نشان می‌دهد که خدا در عمل کردن به وعده‌هایی که به قوم محبوبِ خود داده است امین و وفادار می‌باشد. حتی اگر ما نسبت به او بی‌وفایی کنیم، محبت او هرگز پایان نمی‌پذیرد. «خِسِدِ» او جاودانی است.

آیه‌های زیر را بخوانید و در زیر کلماتی که به «خِسِدِ» خدا (محبت، احسان، نیکویی) اشاره می‌کنند، خط بکشید.

> خداوند از برابر موسی گذشت و چنین ندا کرد: «یهوه، یهوه، خدای رحیم و فیّاض، دیر خشم، و آکنده از محبت و وفا، پایدار در محبت برای هزار پُشت، و آمرزندۀ تقصیر و نافرمانی و گناه. اما تقصیرکار را هرگز بی‌سزا نمی‌گذارد، بلکه جزای تقصیرات پدران را به فرزندان و فرزندانِ فرزندان تا پُشتِ سوّم و چهارم می‌رساند. (خروج ۳۴:۶-۷)
>
> نَعومی به عروسش گفت: «مبارک باد او، از جانب خداوندی که محبت خود را نسبت به زندگان و مُردگان ترک نکرده است!» نیز گفت: «آن مرد خویشاوندِ نزدیک و از ولیّ‌های ماست.» (روت ۲:۲۰)
>
> همانا نیکویی و محبت، تمام روزهای زندگی‌ام در پیِ من خواهد بود، و سالیان دراز در خانۀ خداوند ساکن خواهم بود. (مزمور ۲۳:۶)
>
> خداوندا، محبتت تا به آسمانها می‌رسد و وفاداریت تا به ابرها ... خدایا، محبتت چه گرانقدر است! بنی آدم در سایۀ بالهایت پناه می‌جویند ... محبتت را برای شناسندگان خود دوام بخش و عدالتت را برای راست دلان! (مزمور ۳۶:۵ و ۷ و ۱۰)

محبت‌های خداوند هرگز پایان نمی‌پذیرد، زیرا که رحمت‌های او بی‌زوال است. (مراثی ارمیا ۲۲:۳)

محبت‌های خداوند و کارهای ستودنی او را بر خواهم شمُرد، یعنی تمامی آنچه را که خداوند برای ما کرده است؛ آری، احسانِ فراوانی را که بر حسب رحمت‌ها و محبت‌های بسیارِ خویش به خاندانِ اسرائیل نشان داده است. (اشعیا ۷:۶۳)

بر اساس این آیه‌ها، با کلمات خود «خِسِد» را تعریف کنید.

___

___

___

___

___

کاربرد دوم «خِسِد» در کلام خدا بیانگر آن چیزی است که بین دو نفر رُخ می‌دهد. این نوع کاربردِ «خِسِد» محبت به همسایه را شامل می‌شود؛ محبتی که نه یک احساس صِرف بلکه محبتی عملی است که در قالب خدمت به همسایه ابراز می‌شود. در مورد راحاب، ما می‌بینیم که او از جاسوسان تقاضا کرد تا با نجات دادن جانش به او «خِسِد» نشان دهند. در واقع او گفت: آیا همان گونه که من به شما محبت کردم، شما نیز به من محبت روا خواهید داشت؟

مَتیو هِنری در کتاب تفسیر خود در این باره می‌نویسد:

آنانی که مکاشفهٔ الاهی دربارهٔ هلاکت گناهکاران را به راستی باور کرده باشند و به یقین بدانند که سرزمین روحانی به اسرائیلِ خدا داده شده است، با سعیِ تمام از غضبِ آینده خواهند گریخت و برای به چنگ آوردن زندگی ابدی، خود را به خدا و قومش ملحق خواهند ساخت.

# «خِسِد» در کلام خدا

کلمۀ عبری «חֶסֶד» خِسِد تلفظ می‌شود. خِسِد یک اسم مذکر است که در ترجمۀ انگلیسیِ عهد عتیق (King James Version) ۲۴۸ بار بکار برده شده است.

کلمۀ خِسِد واژه‌ای است که به سختی می‌توان آن را در یک کلمه ترجمه کرد. این واژه با استفاده از این کلمات فارسی ترجمه شده است: رحمت، محبت، احسان، مهربانی، لطف، نیکویی، و محبتِ ابدی. در عهد عتیق، کلمۀ خِسِد در اکثر موارد به شخصیت خدا و عهد او با قومش اشاره دارد. در سایر موارد، این واژه روابط انسان‌ها را به تصویر می‌کشد و در برگیرندۀ محبتِ عملی و خدمتِ ما نسبت به همسایۀ ماست. به عنوان قوم خدا، ما فراخوانده شده‌ایم تا در «به جا آوردن انصاف،» «دوست داشتنِ محبت (خِسِد)،» و «با فروتنی سلوک نمودن در حضور خدا» کوشا باشیم (میکاه ۶:۸).

بیش از پنجاه درصد کاربرد این کلمه (یعنی بیشتر از یکصد بار) در کتاب مزامیر صورت گرفته است.

این دقیقاً آن چیزی بود که راحاب انجام داد. ورود جاسوسان به خانۀ راحاب به مثابۀ دو نجات غریق بود که طناب نجات بسوی کسی که در حال غرق شدن باشد پرتاب کنند. او می‌دانست که اگر این جاسوسان بر او رحم نکنند، او به زودی هلاک خواهد شد. این امر برای راحاب بسیار گران تمام شد. اگر چه راحاب ـ به غیر از خانواده‌اش ـ تمام آسایش و ارزشهای زمینیِ خود را از دست داد، اما او محبت خِسِد خدا را کافی و بسنده یافت.

آن لحظه را که خود را در حال غرق شدن احساس کردید تشریح کنید. محبت وفادارانۀ خدا چگونه شما را نجات بخشید؟

________________________________________

________________________________________

________________________________________

________________________________________

________________________________________

________________________________________

________________________________________

________________________________________

________________________________________

محبتِ وفادارانه و پایدارِ خدا (خِسِد) در هر یک از ۲۶ آیۀ مزمور ۱۳۶ ذکر شده است. این مزمور را بخوانید و خدا را بخاطر خِسِدی که به شخص شما نشان داده است سپاس گویید.

# روز پنجم: درآرزوی نجاتِ دیگران

*حزقیال ۳:۱۷-۱۹ را بخوانید.*

در یوشع ۱۲:۲ راحاب نجاتِ جانِ چه افراد دیگری را از جاسوسان درخواست نمود؟

---

---

---

این مشخص نیست که راحاب چگونه این خبر را با افراد خانواده‌اش در میان گذاشته است. آیا او مجبور شده بود به آنها التماس نماید تا در خانه‌اش پناه گیرند؟ آیا آنان نیز به راستین بودن داستان اعمال خدا ایمان آوردند؟ آیا آنچه راحاب درباره‌اش با آنها صحبت کرد، دلیل ایمان آوردن آنان شد؟ ما خبر نداریم. اما این مشخص است که راحاب به اضطراری بودن وضعیت کاملاً واقف بود. او می‌دانست که خانواده‌اش در خطر بود و تنها امید موجود برای رهایی، کمک کردن به عبرانیان بود. بنابراین او بطور یقین می‌بایستی دربارهٔ تنها راه نجاتی که برای آنها وجود داشت، با آنها صحبت می‌کرد.

به ما مسئولیت داده شده است تا خبر انجیل را با دیگران در میان بگذاریم. حزقیال ۳:۱۷-۱۹ تصویری از این مسئولیت ترسیم می‌کند. با کشیدن تصویری در فضای خالی زیر پیغام این متن را تشریح کنید.

راحاب چه نوع «دیده بانی» برای خانوادهٔ خود بود؟

در اشعیا ۵۲:۷-۸ تصویر دیگری از رسانندگانِ خبر خوش می‌بینیم. این بخش چه جزئیاتی به تصویر پیشین اضافه می‌کند؟ این جزئیاتِ جدید را به تصویری که خود کشیده‌اید اضافه کنید.

اگر چه ایمان راحاب تازه بود، اما ایمانش خالص و حقیقی نیز بود. در مطالعه‌ای که تا به این لحظه داشته‌ایم چه شواهدی در ایمان راحاب دیده‌اید که ایمان او را به عنوان ایمانی واقعی تأیید می‌کنند؟

یکی از شواهد ایمان راستین این است که خدا قلبی دلسوز به ما می‌دهد تا خواهان این باشیم که گناهکاران نجاتِ در مسیح و رحمتِ بی‌پایان او را بچشند.

شبان و نویسندهٔ معروف، چارلز اسپرجن در یکی از موعظه‌هایش تحت عنوان «ایمان راحاب» می‌گوید: «اگر برای ما مهم نیست که دیگران نیز همان مزایایی را که ما تجربه کرده‌ایم دریافت کنند، ما یا هیولاهایی انسان نما هستیم، و یا ریاکارانی خبیث ... که به نظر من مورد آخر مصداق بیشتری دارد.»

**رحمتِ خدا بسیار نیکو است. چرا نباید مایل باشیم دیگران نیز آن را تجربه کنند؟!**

اگر شما برای مدتی طولانی پیرو مسیح بوده‌اید، برای چند دقیقه به زمانی بیندیشید که بدون مسیح و بی امید زندگی می‌کردید. آن دوران چگونه بود؟ سپس از خدا بخواهید تا اشتیاقی عمیقتر برای نجات گمشدگان در شما ایجاد کند.

فهرستی از نام‌های افرادی تهیه کنید که آرزو دارید مسیح را بشناسند.

_____

_____

_____


آیا شما بطور مرتب برای نجات اعضای بی‌ایمان خانوادهٔ خود دعا می‌کنید؟ شما نه می‌توانید آنها را نجات دهید، و نه می‌توانید آنها را مجبور به ایمان آوردن کنید. اما به مانند راحاب ـ که نجات جان افراد خانواده‌اش را از جاسوسان طلبید ـ شما نیز می‌توانید در دعا نجات افراد خانوادهٔ خود را از خدا بخواهید.

در کتاب اعمال رسولان، دربارهٔ مردی می‌خوانیم که همانند راحاب ـ پس از این که خود ایمان آورد ـ بلافاصله دربارهٔ ایمانِ جدید خود با خانواده‌اش صحبت کرد.

داستان زندانبان فیلیپی را که در اعمال رسولان ۳۴-۲۵:۱۶ نوشته شده است بخوانید. چگونه می‌دانیم که این مرد ایمان خود را با خانواده‌اش در میان گذاشته بود؟ چه نتیجه‌ای حاصل شده بود؟

_____

_____

_____


قرار بر این نیست که امیدی را که در مسیح داریم پنهان کنیم. دوستان بی امید و خانوادهٔ گمگشتهٔ ما نیازِ ضروری به شناخت نجات عظیمی که در مسیح برای آنها قابل دسترس است دارند. حالا به فهرست نام افرادی که قبلاً تهیه کردید مراجعه کنید. هر دوست، همکار، و یا همسایه‌ای که به فکر شما خطور می‌کند، نام او را به این فهرست اضافه کنید. سپس دعا کنید تا خدا فرصتی به شما بدهد تا به مانند راحاب و زندانبان فیلیپی این افراد را به سوی خدای رهایی دهنده هدایت کنید.

آیهٔ

# ریسمان قرمز

«خِسِد» یعنی محبت وفادارانه، پایدار و بدون خدشه! به خاطر همین «محبتِ وفادارانه و پایدار» است که خدا ایمانداران خود را از مجازات و داوری نجات می‌بخشد. به دلیل این نوع محبت است که بافتِ ریسمانِ رهایی در تار و پود تاریخِ بشر تنیده شده و همچنان ادامه می‌یابد. در یک شبِ خاص و به طور واضح، خدا محبت وفادارانه و پایدار خود را به قوم اسرائیل، ابراهیم، و فرزندان اسحاق نشان داد. آنها در مصر به مدت چهار صد سال در بردگی بودند. اما محبت و اقتدارِ خدا، با فرستادن ده نوع بلا بر ظالمان [و سرزمینشان] و رهایی قوم خود، مظفرانه عمل نمود ... قورباغه‌ها، پشه‌ها، مگسها، دُمَلها بر پوست. اما در بلای آخر از اسرائیلیان انتظار میرفت تا به ایمان عمل کنند. به منظور رهایی از اسارت، آنها می‌بایستی از فرمان خدا اطاعت می‌کردند.

> «آنگاه مقداری از خون [خونِ برّه] را گرفته، آن را بر دو تیر عمودی و بر سر درِ خانه‌ها ... بمالند .... آن خون نشانه‌ای خواهد بود برای شما بر خانه‌هایی که در آن به سر می‌برید: خون را که ببینم از شما خواهم گذشت، و آنگاه که مصر را بزنم، کوچکترین بلایی بر شما نخواهد آمد.» (خروج ۱۲:۷ و ۱۳)

آیهٔ ریسمان قرمز این هفته یادآور آن است که همان طور که راحاب به وسیلهٔ آویزان کردن نشانی قرمز رنگ [ریسمان] بر پنجرهٔ خانه‌اش نجات یافت، اسرائیلیان نیز سال‌ها پیش از راحاب، توسط مالیدن نشانی قرمز رنگ [خون] بر سر درِ خانه‌هایشان رهایی یافتند. بلای داوری خدا از [بالای خانه‌های] آنها گذشت. این واقعه‌ای است که آنها هر ساله آن را تحت عنوان «عید فصح» به یاد می‌آورند. هر دو [قوم اسرائیل و راحاب] «خِسِدِ خدا» را تجربه نموده و هر دو رهایی یافتند. البته یک مرور ساده در عهد عتیق ثابت می‌کند که مشکل گناه هنوز و به طور کامل حل نشده بود. همچنان که مسیر ریسمان رهایی را ردیابی می‌کنیم، با یک پرسش مهم مواجه می‌شویم: «*این همه خونِ قربانی ... اما نجاتی که وعده داده شده بود کجاست؟!*» پاسخ این پرسش را در داستان خود خواهیم یافت. تنها لازم است به ردیابی این مسیر قرمز ادامه دهید.

## آیهٔ حفظی

---

در طول این هفته بر این آیه تفکر کرده و آن را حفظ کنید.

**خداوند می گوید:**

بیایید تا در برابر یکدیگر

**حُجّت بیاوریم**

[این موضوع را بین خود حل کنیم]:

**اگرچه گناهان شما چون ارغوان باشد،**
**همچون برف سفید خواهد شد؛**
**و اگرچه همچون قرمز، سُرخ باشد،**
**مانند پشم خواهد شد.**

اشعیا ۱:۱۸

# هفتهٔ چهارم

## ریسمان قرمز

**موضوع هفته: ریسمان قرمز در یوشع ۲ نمایانگر محبت رهایی دهندهٔ خداست.**

پردهٔ نقشدار بایو (Bayeux Tapestry) یکی از برجسته‌ترین آثار هنری فرانسه به شمار می‌رود. این آویزه در شهر بایو، از نواحی نرماندی فرانسه، نگاهداری می‌شود. درازای این پردهٔ سوزن دوزی شده هفتاد متر، عرض آن حدود پنجاه سانتیمتر، و از نُه پردهٔ کتان تشکیل شده است. اگر در برابر این پرده بایستید، در اولین نگاه متوجه خواهید شد که به آسانی می‌توان بر تصویرِ کُلی و رنگ‌های نفیسِ آن تمرکز کرد. اما اگر نزدیکتر رفته و آن را دقیقتر نگاه کنید، توجه شما به نشانه‌ها و نمادهایی جلب می‌شود که بیانگر داستان کامل‌تری است؛ نشانه‌ها و تصاویری که به صورتی حیرت‌انگیز جزئیات نبرد میان هاستینگ‌ها و نورمن‌ها در فتح انگلستان را به تصویر کشیده است.

راحاب، در فصل دوم یوشع، یک ریسمانِ قرمز از پنجرهٔ خانه‌اش آویزان می‌کند تا علامتی برای ارتش اسرائیل شود. [وعده داده شده بود که] اسرائیلیان، به هنگام تسخیر اریحا و با مشاهدهٔ آن ریسمان قرمز، راحاب و همهٔ افراد خانواده‌اش را نجات خواهند داد. در واقع، این ریسمان قرمز، به خودیِ خود، نجات راحاب از هلاکت اریحا را به تصویر می‌کشید. اما اگر به بخش‌های دیگر کلام خدا مراجعه کنیم، خواهیم دید که این ریسمان، همچون نخی در تار و پود کتابهای مختلف، فصل‌ها، و آیه‌های کتاب‌مقدس که داستان رهائی‌بخش خدا را نقل می‌کنند بطور عمدی تنیده شده است.

با نگاه دقیق‌تری به موضوع ریسمان قرمز، در مطالعهٔ این هفته خواهیم دید که این تصادفی نبود که جاسوسان از راحاب بخواهند که ریسمانی قرمز به پنجرهٔ خانه‌اش آویزان کند. در این یک عدد ریسمانِ ساده، ما نظاره‌گر تصویری از خدای نجات‌بخش و عظیم خود هستیم. در حالی که به ردیابی این ریسمان در طول کلام خدا ادامه می‌دهیم، یک تصویر کُلی را کشف خواهیم کرد... و آن خون پر بهای عیسای مسیح است که ما را از گناهانمان رهایی می‌بخشد.

# روز اول: نشانی از اطاعت

یوشع ۲:۱۲-۲۱ را بخوانید.

راحاب از دو جاسوس یهودی خواستار رحمت شد. آنها چگونه واکنش نشان دادند؟ (آیهٔ ۱۴)

___

___

___

راحاب می‌باید چهار شرط را به جا می‌آورْد تا جاسوسان به سوگندی که خورده بودند وفا کنند. این چهار شرط را در زیر بنویسید.

۱. ___ (آیهٔ ۱۸)

۲. ___ (آیهٔ ۱۸)

۳. ___ (آیهٔ ۱۹)

۴. ___ (آیهٔ ۲۰)

پس از اینکه جاسوسان خانهٔ راحاب را ترک کردند، راحاب چه عملی انجام داد که نشان می‌داد او سخنان جاسوسان را جدّی گرفته بود؟ (آیهٔ ۲۱)

___

___

___

در آیه‌های مطالعۀ امروز اضطراری بودن شرایط به وضوح دیده می‌شود. راحاب به گونه‌ای عمل نمود که گویا این مهم‌ترین کاری بود که باید انجام می‌داد. واکنش راحاب، نمونه‌ای است از اطاعت راستین از خدا: راحاب کاملاً اطاعت کرد ... راحاب فوراً اطاعت کرد.

بی‌اطاعتیِ ما از خدا، نهایتِ چه واقعیتی را دربارۀ میزان اعتماد ما به خـدا آشکار می‌کند؟

_____

_____

_____

به دورانی از زندگی خود بیندیشید که آنچه را که خدا از شما خواسته بود اطاعت کردید. چه نتیجه‌ای حاصل شد؟

_____

_____

_____

حالا به شرایطی متفاوت‌تر بیندیشید. هنگامی که از خدا بی‌اطاعتی کردید، چه نتایجی حاصل شد؟

_____

_____

_____

اطاعت راحاب عملی بود که ایمان او را به طور علنی به نمایش گذاشت. هنگامی که راحاب ریسمان قرمز را بر پنجرۀ خانۀ خود [که بر دیوار شهر بنا شده بود] نصب نمود، هر رهگذری، در بدو ورود به اریحا، می‌توانست آن را ببیند. به افراد زیر [که در کلام خدا آمده اند] بیندیشید. آنان چگونه اطاعت کردند؟ چگونه اطاعت آنان در نظر عموم قابل رؤیت بود؟

## ابراهیم

(پیدایش ۱۲:۱-۹ و ۲۲:۱-۱۹)

## استر

(استر ۴:۸ تا ۵:۸)

## مریم

(لوقا ۱:۲۶-۵۶)

## پولس

(اعمال رسولان ۹ و ۱۶:۶-۱۰)

چگونه اعمال قابل رؤیتی که نشانهٔ اطاعت ما از خداست بر اطرافیان ما اثر می‌گذارد؟

آیا در زندگی شما موردی وجود دارد که از یک سو، اطمینان دارید که خدا می‌خواهد شما آن را انجام دهید، اما از سوی دیگر، نسبت به انجام آن مردّد هستید؟ در دعا ضعف ایمان خود را به خدا اعتراف کنید، و از او بخواهید تا شما را در قدم برداشتن و اطاعت کردن یاری کند.

_____

_____

_____

_____

_____

_____

_____

_____

_____

# روز دوم: نشانه‌ای از خون

اشعیا ۱۸:۱ را بخوانید.

هنگامی که جاسوسان با نجات راحاب موافقت کردند، اولین شرط آنان ریسمان قرمزی را شامل می‌شد که خود آنها توسط آن از پنجرهٔ راحاب به بیرون گریخته بودند: «... چون به این سرزمین درآییم، این طناب سرخ را به پنجره‌ای که ما را از آن پایین فرستادی، بسته باشی ...» (یوشع ۱۸:۲)

به نظر شما چرا جاسوسان این رنگِ بخصوص را درخواست کردند؟

_____

_____

_____

خدا هیچ‌یک از جزییات [حفظ شده در] کلام خود را بیهوده تلقی نمی‌کند. خدا عمداً از رنگ قرمز (در برخی ترجمه‌ها: سرخ یا ارغوان) استفاده نمود. در ادامهٔ داستان به دلیل این امر پی خواهیم بُرد.

به فقدان یک موردِ خاص در شروطی که جاسوسان برای راحاب قائل شدند توجه کنید. آنها هرگز به او نگفتند که به منظور نجات یافتن، او ابتدا باید خود را از اعمال گناه‌آلود گذشته‌اش پاک کند. در هر وضعیتی که جاسوسان راحاب را یافته باشند، آنها خبر خوش رهاییِ او را در همان وضعیت [و علیرغم آن وضعیت] به او نوید دادند.

آیا شما نیز تا به حال این احساس را داشته‌اید که اول باید به زندگی خود سر و سامان دهید تا خدا شما را نجات دهد؟

_____

_____

_____

بر اساس افسسیان ۴:۱ مسیح چه زمانی ما را برگزید؟

_____

_____

_____

بر اساس رومیان ۸:۵ مسیح چه زمانی برای ما مُرد؟

_____

_____

_____

قبل از اینکه خدا با محبت و فیض خود در ما عمل کند ... آیا ما قادر بودیم اعمال گذشتهٔ خود را بشوییم؟ آیا توانستیم خود را از تمایلات گناه‌آلودمان آزاد کنیم؟

_____

_____

_____

## رنگ قرمز در کتاب‌مقدس

کلمهٔ قرمز [که در ترجمه‌های فارسی گاهی «ارغوان» و یا «سرخ» نیز ترجمه شده است،] حدود پنجاه مرتبه در کتاب‌مقدس بکار گرفته شده است. شش مورد آن در عهد جدید می‌باشد.

پرده‌های خیمهٔ عبادت آبی، بنفش، سفید، و قرمز رنگ بودند. (خروج ۳۱:۲۶) رنگ قرمز در لباس کاهن اعظم نیز دیده می‌شود. ایفود، شالِ کمر، و پیش سینهٔ کاهن اعظم به رنگ قرمز بودند. (خروج ۲۸:۵-۱۵). ردای قرمز نشانهٔ خاندان سلطنتی (دوم سموئیل ۲۴:۱ ؛ ارمیا ۳۰:۴ ؛ مکاشفه ۴:۱۷)، و نشانهٔ جنگجویانِ دلاور (ناحوم ۳:۲) بود.

عبارت «طناب قرمز» یا «ریسمان قرمز» بارها در طول کلام خدا بکار برده شده است. هنگامی که تامار پسران دو قلو بدنیا آورد، یکی از آن دو نوزاد دستش را اول بیرون آورد. از آنجایی که قابله تصور نمود که آن نوزاد نخست زاده است، ریسمان قرمزی بر مُچ دستش بست (پیدایش ۳۸:۲۷-۳۰).

چگونه درک این موضوع که خدا ما را در هر وضعیتی که هستیم ملاقات می‌کند و بخشش از گناه را به ما هدیه می‌دهد، طرز فکر فوق را تغییر می‌دهد؟

---

---

---

اشعیا ۱۸:۱ را که در زیر نوشته شده است بخوانید. در زیر عباراتی که گناهِ ما را توصیف می‌کنند خط بکشید.

> خداوند می‌گوید: بیایید تا در برابر یکدیگر حُجّت بیاوریم [این موضوع را بین خود حل کنیم]: اگر چه گناهان شما چون ارغوان [به سرخی خون] باشد، همچون برف سفید خواهد شد؛ و اگر چه همچون قرمز، سرخ باشد، مانند پشم [پاک] خواهد شد.

در این آیه، از چه رنگی برای توصیف گناه استفاده شده است؟

---

---

---

اشعیا ۱۸:۱ را یک بار دیگر بخوانید. دور آن عباراتی دایره بکشید که نشان می‌دهند پس از توبه از گناهان و پذیرش مسیح به عنوان نجات‌دهنده، چه به سر گناهان ما می‌آید.

این آیه چه تصویری را در ذهن شما نقش می‌بندد؟ آن را به اختصار توصیف کنید. این تصویر چه تأثیری بر شما می‌گذارد؟

دست‌های ما به خون پسر خدا ـ که عاری از گناه بود و خون خود را برای گناهکاران ریخت ـ آغشته است. گناهان ما به سرخیِ رنگ قرمز و به مانند ارغوان هستند. با این وجود خدا به ما قول می‌دهد که ما می‌توانیم به مانند برف سفید شویم. از یک سو، رنگ قرمز می‌تواند نمادی از گناه و شرمِ حاصل از گناه باشد؛ شرم و تقصیر گناهانی که در گذشته مرتکب شده‌ایم و حالا چون لکه‌ای قرمز آن را با خود حمل می‌کنیم. از سوی دیگر، رنگ قرمز می‌تواند نمادی از وسیلهٔ نجات و رهایی ما از گناه باشد.

در مقابل هر یک از آیه‌های زیر مشخص کنید که چه چیزی گناه ما را می‌پوشاند و ما را از آن پاک می‌کند.

افسسیان ۱۳:۲

اول یوحنا ۷:۱

مکاشفه ۱:۴-۵

آیا شما نسبت به گناهان گذشتهٔ خود که آنها را به خدا

الیاف قرمز رنگ در آئین تطهیر جذامیان (لاویان ۱۴) و در مراسم سوزاندن گوسالهٔ قربانی بکار برده شده است. (اعداد ۶:۱۹)

و همان طور که تا به حال دیده‌ایم، راحاب ریسمان قرمزی به بیرون پنجرهٔ خانه‌اش آویزان کرد تا ارتش اسرائیل فراموش نکنند که [باید] او و خانواده‌اش را نجات دهند. (یوشع ۲)

در متی ۲۸:۲۷ سربازان خرقه‌ای ارغوانی بر عیسی پوشانیدند تا بدین وسیله او را مسخره کنند. در اشعیا ۱۸:۱ خدا گناهان ما را به لکهٔ قرمز (ارغوان) تشبیه می‌کند. و زنِ صالحه در امثال سلیمان ۲۱:۳۱ نیز افراد خانوادهٔ خود را با لباس قرمز می‌پوشاند. این لباس بیانگر کیفیتی بسیار مرغوب است که خانواده‌اش را در سرمای زمستان گرم نگاه می‌دارد.

اعتراف کرده‌اید، هنوز احساس شرم و تقصیر می‌کنید؟ از چه طریقی می‌توانید به خودتان یادآوری کنید که خون مسیح گناه شما را از میان برداشته و شما را به سفیدی برف پاک می‌کند؟ ( اشعیا ۱۸:۱) پاسخ خود را در زیر بنویسید.

_____

_____

_____

_____

_____

_____

# روز سوم: تصویری از فِصَح

**خروج ۱:۱۲-۳۲ را بخوانید.**

همچنان که آیهٔ ریسمان قرمز هفتهٔ پیش به ما آموخت، ریسمان قرمز در داستان راحاب به واقعهٔ مهم دیگری در تاریخ اسرائیل اشاره می‌کرد ـ رُخدادی که «فِصَح» نام دارد.

جریان «فِصَح» در خروج ۱۲ آمده است. «فِصَح» را با آنچه تاکنون در داستان راحاب آموخته‌اید مقایسه کنید. تشابهاتی را که می‌یابید در نمودار زیر درج کنید.

| فِصَح | داستان راحاب |
|---|---|
| | |
| | |
| | |
| | |

یوشع ۱۰:۵ مشخص می‌کند که اسرائیلیان درست در شب قبل از ورود به اریحا فِصَح را جشن گرفتند. خدا در مشیّتِ الاهیِ خود ترتیب داده بود که زمان‌بندی این جشنِ مقدس با نجات راحاب و داوری کنعانیان همزمان باشد.

همانطور که اسرائیلیان می‌باید در اولین فصح درون خانه‌های خود می‌ماندند، راحاب و خانواده‌اش نیز به هنگامِ فتحِ اریحا توسط اسرائیلیان، باید درونِ خانهٔ او می‌ماندند. راحاب به جای مالیدن خون بر سر درِ خانه‌اش، ریسمان قرمز را به بیرون پنجرهٔ خانه‌اش آویزان کرد تا اسرائیلیان بدانند کدام خانه را باید نجات دهند. هنگامی که اسرائیلیان آمدند تا شهر اریحا را تصرف کنند، آنها آن ریسمان قرمز را دیدند. آنان، به عنوان نمایندگان خدای عادل، داوری عادلانهٔ او را بر همهٔ خانه‌ها اعمال کردند. اما از خانهٔ راحاب گذشته و صدمه‌ای به آن نزدند. راحاب و خانواده‌اش جان سالم به در بُردند ... درست به مانند آنچه اسرائیلیان در اولین فصح تجربه کردند.

بر اساس رومیان ۱۰:۳ و ۲۳ چه کسی سزاوارِ مجازات است؟

________________________________

________________________________

________________________________

هدف نهائیِ داوریِ خدا به نمایش گذاشتن نجات اوست. ما از چه نجات یافته‌ایم؟ از داوری عادلانهٔ او!

در رابطه با هر یک از این دو داستان، مشخص کنید که خدا چگونه هم داوری کرد و هم نجات بخشید.

| | داوری خدا | نجات خدا |
|---|---|---|
| فِصَح | | |
| داستان راحاب | | |

هم داستان فصح و هم داستان راحاب دربارهٔ انجیل می‌باشد. عیسی، آن برهٔ خدا که بی‌عیب و بی‌گناه بود، برای ما قربانی شد. او با مُردن بر صلیب به جای ما، جریمه‌ای را که ما مستحقِ آن بودیم پرداخت نمود تا خدا به هنگامِ داوری ما را هلاک نسازد. ما توسط خون مسیح، که ریسمان قرمز ماست، از مرگ روحانی و جدایی از خدا نجات یافته‌ایم.

مطالعهٔ امروز را با تفکر بر توصیفی که از عیسی در اشعیا ۵۳ شده است به پایان رسانید.

> [عیسی] خوار و مردود نزد آدمیان، مردِ درد آشنا و رنجدیده. چون کسی که روی از او بگردانند، خوار گشت و به حسابش نیاوردیم.
>
> حال آنکه رنج‌های ما بود که او بر خود گرفت و دردهای ما بود که او حمل کرد، اما ما او را از جانبِ خدا مضروب، و از دست او مصدوم و مبتلا پنداشتیم.
>
> حال آنکه به سبب نافرمانی‌های ما بدنش سوراخ شد، و به جهت تقصیرهای ما لِه گشت؛ تأدیبی که ما را سلامتی بخشید بر او آمد، و به زخم‌های او ما شفا می‌یابیم.
>
> همهٔ ما چون گوسفندان، گمراه شده بودیم، و هر یک از ما به راه خود رفته بود، اما خداوند تقصیر جمیع ما را بر وی نهاد.
> (آیه‌های ۳-۶)

# روز چهارم: یادآور عهد خدا

*مزمور ۱۴:۲۵ را بخوانید.*

ریسمان قرمز نماد مهم و نیرومندی از گناه و آمرزش، و یادآور عهدی است که خدا به واسطهٔ پسرش عیسی با ما می‌بندد.

در صورت داشتن دسترسی به یک دایرةالمعارف و یا دیکشنری فارسی کتاب‌مقدس به جستجوی کلمهٔ «عهد» بپردازید و آن را با کلمات خود تعریف کنید.

---

---

---

**عهد = یک قرارداد انقیاد شده + امانت خدا در نگاه داشتن آن عهد به واسطهٔ عیسی**

مزمور ۱۴:۲۵ چه چیزی دربارهٔ عهد خدا را آشکار می‌کند؟

---

---

---

خدا در کلامش قراردادِ عهد خود با ما را آشکار کرده است. یکی از این نمونه‌ها در اول یوحنا ۹:۱ یافت می‌شود. در این آیه، در زیر بخشی که سهم ماست خط بکشید. دُور بخشی که نقش خداست دایره بکشید.

> ... اگر به گناهان خود اعتراف کنیم، او که امین و عادل است، گناهان ما را می‌آمُرزد و از هر ناراستی پاکمان می‌سازد.

در طول کتاب‌مقدس، خدا از نشانه‌های مادی/فیزیکی استفاده می‌کند تا وعده‌های خود را به ایماندارانش یادآوری کند. در مقابل هر یک از آیه‌های زیر نشانه‌ای مادی/فیزیکی نوشته شده است. با کشیدن یک خط، هر یک آیه را به نشانهٔ مربوط به آن وصل کنید.

| | |
|---|---|
| پیدایش ۹:۱۲-۱۷ | نانِ شکسته شده / شرابِ ریخته شده |
| پیدایش ۱۷:۹-۱۴ | خون گاوها |
| خروج ۲۴:۳-۸ | رنگین‌کمان |
| لوقا ۲۲:۱۹-۲۰ | ختنه |

یک عهد می‌تواند به معنای توافق بین افراد نیز باشد. در ارتباط با راحاب، ریسمان قرمز نشانه‌ای بود از اینکه او وارد عهد با جاسوسان شده، و ایمان خود به خدای آنان را اقرار نموده است. راحاب با آویزان کردن آن ریسمان از بیرون پنجرهٔ خانه‌اش تمایلِ خود برای نجات یافتن از داوری خدا را اعلام کرد.

جاسوسان به او قول داده بودند تا جان او را حفظ کنند. اما اگر او ایمانِ خود را با آویزان کردن ریسمان قرمز نشان نمی‌داد، او نیز هلاک می‌شد. نجات او و افراد خانواده‌اش بسته به آن ریسمان قرمز بود.

راحاب ایمان خود را صرفاً بر یک ریسمان قرمز فیزیکی ننهاده بود. او بر همه حقایقی ایمان آورده بود که آن ریسمان قرمز بدانها اشاره می‌کرد. در نهایت، او برای نجاتِ خود به خدا ایمان آورد. **نشانه‌های ظاهری و سمبل‌های فیزیکی قادر به نجات ما نیستند. این تنها خداست که قادر است ما را نجات بخشد.**

رومیان ۲:۲۵-۲۹ را بخوانید. در این بخش به نشانه‌ای ظاهری اشاره شده است که برای نجات یافتن نباید به آن امید بست. این نشانهٔ فیزیکی چه بود؟

اکنون تثنیه ۱۲:۱۰-۱۶ و ۶:۳۰ را بخوانید. هدف خدا در این آئین، به تصویر کشیدن چه حقیقت روحانی بود؟

_____

_____

_____

شاید برای مردم آسان‌تر است که ایمان خود را بر نشانه‌ای فیزیکی بنا کنند تا بر خدایی که آن نشان فیزیکی دربارۀ اوست. چـــرا؟

_____

_____

_____

چه چیزهای نیکویی در زندگی مسیحی شما وجود دارند که اعتماد شما بر آنها بیش از توکل کردن شما بر خداست؟ از موارد زیر کدامیک دربارۀ شما مصداق دارد؟ دور آن دایره بکشید.

| | |
|---|---|
| میراث خانوادگی | تعمید |
| اعمال نیکو | موقعیت اجتماعی |
| پول | شرکت در شام خداوند |
| داشتن روابط با مردم | عضویت در کلیسا |
| تأیید مردم | وقت رازگاهان شخصی |
| استعدادها | طرز لباس پوشیدن |
| دستاوردها و موفقیت‌ها | شبکه‌های اجتماعی مورد پسند |

اگر چیزی به غیر از موارد بالا به ذهنتان خطور می‌کند، آن را به این فهرست اضافه کنید.

در تثنیه ۳۰:۱۵-۱۸ خدا با اسرائیلیان عهد می‌بندد که اگر از او اطاعت و دستورات او را حفظ کنند، او آنها را برکت داده و از آنها محافظت خواهد نمود. خدا به عهدِ خود وفادار ماند، اما اسرائیلیان نتوانستند شروط این عهد را نگاه دارند ـ درست مثل همهٔ ما که قادر نیستیم بر اساس استانداردی که خدا برای قدوسیت قائل است عمل نماییم. به همین دلیل خدا یک عهد جدید با ما بست.

خدا به واسطهٔ خون پسر خود این عهد جدید را با ما بست. او به وسیلهٔ خون عیسی گناهان ما بخشیده و رابطهٔ از دست رفتهٔ ما با خود را ترمیم نمود. به خاطر شخص عیسای مسیح، برای ما که گناهکار بوده و عهدشکن هستیم، امید وجود دارد.

به آیه‌های زیر مراجعه کرده و آنها را بخوانید. در کنار هر یک آیه توضیح دهید که چگونه عهد جدید با عهد قدیم متفاوت است؟

یوحنا ۱:۱۷

عبرانیان ۸:۸-۱۲

عبرانیان ۹:۱۱-۱۵

به اول یوحنا ۱:۹ مراجعه کنید. نقشِ ما در این عهد چیست؟

---

---

---

ظاهر قضیه ساده به نظر می‌رسد. اما از آنجایی که ما گناهکار هستیم، معمولاً در انجام سهم خود اهمال می‌کنیم. اما [نکتهٔ قابل توجه این است که] عهد خدا، در بخشیدن و پذیرفتن فرزندانش، به وفاداریِ بدون خدشهٔ خودِ او بسته است، نه به کاملیت ما.

**عهد ≠ زمانی که ما سهم خود را به طور کامل به جا می‌آوریم.**

آیا شما این نوع فیضی را که خدا در زندگیتان به نمایش می‌گذارد دیده‌اید؟ چگونه؟

______________________________

______________________________

______________________________

______________________________

______________________________

______________________________

## روز پنجم: تنیده شده در کلام خدا

***افسسیان ۷:۱ را بخوانید.***

در زندگی راحاب، ریسمان قرمز نشانهٔ اطاعت او از دستورالعمل جاسوسان و ایمان او به خدایی بود که می‌توانست او و خانواده‌اش را نجات دهد. اما فراتر از داستان راحاب، ریسمان قرمز برای همهٔ ما مهم است.

از قرن اول میلادی به بعد، مفسرین کلام خدا و پدران کلیسا این ریسمان قرمز را نشانه‌ای از خون عیسی دانسته‌اند؛ خونی که به وسیلهٔ آن خدا ما را از شرم و تقصیر گناه آزاد می‌کند. خون عیسای مسیح تنها امید نجات یافتنِ ماست. در مطالعهٔ امروز (که قدری متفاوت تر از روزهای پیشین است) با مراجعه به بخش‌های مختلف در کتاب‌مقدس، در پیِ آن هستیم تا ببینیم چگونه این ریسمان قرمز در طولِ تمام کلام خدا تنیده شده است.

ابتدا بیایید به عهد عتیق نگاهی بیندازیم. هر یک از این متن‌ها را بخوانید و بر اساس آن، جاهای خالی در نمودار زیر را پُر کنید تا ریسمان قرمز را در آن متن کشف نمایید.

| متن کلام خدا | آیا در این متن کسی مرتکب گناه شد؟ | چه کسی (چیزی) در این متن مُرد؟ | خـدا چه واکنشی نشان داد؟ |
|---|---|---|---|
| پیدایش ۳:۱-۲۱ | آدم و حوا | یک حیوان | پوشاندن آنها با پوست حیوان |
| پیدایش ۴:۱-۱۶ | | | |
| پیدایش ۲۲:۱-۱۸ | | | |
| خروج ۱۲:۱-۱۳ و ۲۱-۲۸ | | | |
| لاویان ۱۶:۱۱-۱۶ | | | |

همه این نشانه‌ها در عهد عتیق سایه‌هایی هستند که به خون نجات‌بخش مسیح، یعنی آن برهٔ خدا که بدون گناه بود، اشاره می‌کنند.

عبرانیان ۹:۲۲ می‌گوید: «در حقیقت، بنا بر شریعت، تقریباً همه چیز به وسیلهٔ خون پاک می‌شود و بدون ریختنِ خون، آمُرزشی نیست.» اما کلام خدا در عبرانیان ۱۰:۴ نیز ادامه می‌دهد: «... ممکن نیست خون گاوها و بُزها گناهان را از میان بردارد.»

حیوانات قربانی شده قادر به بخشش گناهان نبودند. امـا خدا مردمی را که این قربانی‌ها را می‌گذراندند می‌بخشید زیرا مردم، با ادای قربانی، ایمان خود به وعدهٔ بخشش خدا و ظهور نجات‌دهنده را ابراز می‌کردند. عیسی آن ریسمان قرمزی خواهد بود که به پنجره بسته شده بود.

اکنون بیایید به چند نمونه از ریسمان قرمز، یعنی خونِ مسیح، در عهد جدید مراجعه کنیم. چگونه این ریسمان قرمز در هر یک از متن‌های زیر ظاهر می‌شود؟

| متن کلام خدا | خون مسیح در این متن چه می‌کند؟ |
|---|---|
| متی ۲۶:۲۷-۲۸ | عهدی جدید برقرار می کند، آمرزش گناهان به ارمغان می آورد. |
| افسسیان ۱:۷ | |
| عبرانیان ۹:۱۲ | |
| اول یوحنا ۱:۷ | |
| مکاشفه ۱:۵ | |
| مکاشفه ۵:۹-۱۰ | |
| مکاشفه ۱۹:۱۱-۱۳ | |

خون ریخته شدهٔ مسیح همهٔ گناهان ما را می‌آمرزد، همهٔ گناهان را. همهٔ گناهانی که همه از آنها با خبر هستند، و همهٔ گناهانی که هیچ کس از آنها اطلاعی ندارد. خون مسیح همهٔ آنها را آمرزیده و شُسته است.

با این حال، یک شرط وجود دارد ... و آن اینکه ما باید از گناهان خود توبه کرده، و ایمان خود را بر مسیح بنهیم. درست مانند راحاب که اعتمادِ قوی خود را با آویزان کردن ریسمان قرمز نشان داد، ما نیز برای نجات یافتن باید از گناهان خود توبه کرده و به سوی مسیح بشتابیم. ما باید بپذیریم که نیازمندیم، و بایستی اقرار کنیم که او تنها شخصی است که می‌تواند ما را نجات بخشد.

آیا شما، با ایمان آوردن به مسیح، این ریسمان قرمز را به پنجرهٔ زندگی خود بسته‌اید؟

_______________

_______________

_______________

راحاب با واقعیت روبرو شد و درک کرد که نباید در چنین لحظه‌ای شک کرد. ما نیز نباید شک کنیم زیرا غضبِ خدا به زودی ظاهر خواهد شد. دیوارهای پادشاهی این دنیا به زودی فرو خواهند ریخت (دوم پطرس ۳:۱۰). همهٔ آنانی که حقیقت محبت نجات‌بخش خدا را رّد کرده‌اند به هلاکت خواهند رسید. آنها مجازات خواهند شد. آیا شما نجات خواهید یافت؟ اگر اینچنین است، نجات شما به این دلیل نخواهد بود که شما:

- آدم خوبی بوده‌اید.
- عضو کلیسا بوده‌اید.
- مرتکب گناهان خاصی نشده‌اید.
- به دیگران کمک کرده‌اید.

نه! هیچ‌یک از این دلایل به حساب نخواهد آمد. **اگر شما از غضب خدا رهایی یافته‌اید، تنها و تنها یک دلیل وجود دارد: شما برای نجاتِ خود ـ به مانند راحاب ـ به تنها خدای راستین اعتماد کردید.**

آیهٔ

# ریسمان قرمز

ما، در مطالعهٔ این هفته، آموختیم که ریسمان قرمز یک سمبل [نماد] است. آیا به آیه‌ای که به دفعات در صفحات مطالعهٔ این هفته ظاهر شد توجه نمودید؟ این آیه، آیهٔ ریسمان قرمز این هفته می‌باشد.

> خداوند می‌گوید: «از انبوه قربانی‌های شما مرا چه سود؟ از قربانی‌های تمام‌سوزِ قوچ‌ها و چربیِ حیواناتِ پروار سیر شده‌ام، و مرا به خون گاو و بره و بُز رغبتی نیست ...
>
> خداوند می‌گوید: بیایید تا در برابر یکدیگر حُجّت بیاوریم [این موضوع را بین خود حل کنیم]: اگر چه گناهان شما چون ارغوان [به سرخی خون] باشد، همچون برف سفید خواهد شد؛ و اگر چه همچون قرمز، سرخ باشد، مانند پشم [پاک] خواهد شد. (اشعیا ۱: ۱۱ و ۱۸)

بنی‌اسرائیل، برای سال‌های متعادی، در معبدی که سلیمان در سرزمین موعود بنا نموده بود قربانی گذراندند. اما قلبشان هرگز عوض نشد. آنها هر ساله گاوان و گوسفندان و بزها برای قربانی نزد کاهنان می‌آوردند، اما علیرغم این اطاعت ظاهری، آنها برای دریافت فیض هیچگاه به خداوند روی نیاوردند. با همهٔ اینها، خدا همواره با «خِسِدِ» خود آنان را بسوی خود فرا می‌خوانْد تا نجات یابند. بله! کلید اصلی همین است: این فیض خداست که به نجات ما می‌شتابد، نه توانایی ما در اطاعت و یا گذرانیدن قربانی‌ها. خدایی که در پشت همهٔ این نشانه‌ها و سمبل‌ها است نجات را برای ما به ارمغان می‌آورد. اما چگونه؟ شاید شما نیز به مانند اسرائیلیانِ زمانِ اشعیا فکر می‌کنید. ما دربارهٔ این نجات بارها و بارها خوانده و شنیده‌ایم. ما می‌دانیم که خدا کیست و چه انتظاراتی از ما دارد. اما هرگز قادر نیستیم به معیارهای والای او برسیم. ما نمی‌توانیم خود را به سفیدی برف پاک کنیم. پس چه باید کرد؟ آیهٔ ریسمان قرمز هفتهٔ آینده روشن خواهد کرد که معنی غایی ریسمان نجات خدا چیست.

## آیهٔ حفظی

---

در طول این هفته بر این آیه تفکر کرده و آن را حفظ کنید.

# خدا پناه و قوت ماست، و یاوری که در تنگی‌ها فوراً یافت می‌شود.

مزمور ۴۶:۱

# هفتهٔ پنجم

## تصویر بزرگ

موضوع هفته: شما همواره می‌توانید بر وعده‌های خدا اعتماد کنید.

ژُرژ سِرا (Georges Seurat) نقاش مشهور فرانسوی، در اثر هنری و معروف خود به نام یکشنبه‌ای در جزیره لا گرانڈِ ژات مردمی را به تصویر می‌کشد که در یکی از پارک‌های پاریس در حال استراحت هستند. اگر از این بوم نقاشی فاصله بگیرید، این تابلوی دو در سه متری تحسینِ شما را برخواهد انگیخت زیرا در میان رنگ‌های شادابِ آن سه سگ، هشت قایق، و چهل و هشت نفر (و البته یک میمون) خواهید یافت.

اما اگر این اثر را از نزدیک مشاهده کنید، شاهد میلیون‌ها نقطه خواهید بود که این هنرمند، با مهارتی باور نکردنی، آنها را در کنار هم قرار داده و این اثر بسیار زیبا و ارزشمند را به وجود آورده است. هرگز قرار نبود که بیننده این اثر هنری را فقط از فاصلهٔ چند سانتیمتری مشاهده کند. نقاش با رسم نقطه‌های به نظر بی‌اهمیت، داستانی عظیم خلق کرده که تنها زمانی آن را خواهید دید که از این تابلو فاصله گرفته و به کُل تصویر نگاه کنید.

به همین ترتیب، ما نیز هنگامی که به اتفاقات جسته و گریختهٔ اطراف، از فاصله‌ای نزدیک می‌نگریم، قادر به دیدن همهٔ تصویر نیستیم. یعنی نمی‌توانیم آنچه را خدا انجام می‌دهد بفهمیم ـ تنها چیزی که ما می‌بینیم یک سری نقطه‌های بی معنی مربوط به زمان حال است و بس. اما خدا، خدایی است همه‌آگاه. او از همه چیز آگاهی مطلق دارد. طبیعتِ دیدِ ما بسیار محدود است. اما زاویهٔ دیدِ خدا بسیار گسترده و نامحدود است. او همهٔ قسمت‌های تصویری را که نقاشی می‌کند می‌بیند.

در مطالعهٔ این هفته خواهیم آموخت که حتی زمانی که تشخیص نمی‌دهیم خدا در زندگی ما چه می‌کند، اما می‌توانیم به وعده‌هایی که او به ما داده است اعتماد کنیم.

# روز اول: در انتظارِ نجات

یوشع ۲:۱۶-۲۵ را بخوانید.

راحاب سخنان جاسوسان را جدّی گرفت، و شروطی را که آنها برای نجاتش گذاشتند، پذیرفت. چه چیزی نشان می‌دهد که جاسوسان نیز به راحاب اعتماد کردند؟ ( آیه‌های ۱۶ و ۲۲)

_____

_____

_____

جاسوسان در بازگشتشان، چه گزارشی به یوشع دادند؟ آن را به طور مختصر شرح دهید.

_____

_____

_____

معلوم نیست که راحاب، پس از بازگشت جاسوسان [به نزد یوشع]، در اریحا چه‌ها می‌کرد. کلام خدا این جزئیات را در اختیار ما نمی‌گذارد. اما این را می‌دانیم که او، در پایبند بودن به سوگندی که به جاسوسان خورده بود، می‌بایستی در این مدت چهار قدم بردارد:

۱. آویزان کردن ریسمان قرمز به بیرون پنجره‌اش
۲. گرد آوردن افراد خانوادهٔ خود در خانه‌اش
۳. ماندن در خانه
۴. اطلاع ندادن به کسی

یوشع ۶:۲۲-۲۵ را بخوانید. از کجا می‌توان پی برد که راحاب شروط دوم، سوم، و چهارم از سوگند خود را به جا آورده بود؟

_____

_____

_____

اکنون خود را جای راحاب بگذارید. شما، برای در میان گذاشتن پیغام داوری خدا با افراد خانواده‌تان، نیازمند چه چیزی هستید؟ در کلمات و عبارات زیر تعمق کنید و پاسخ خود را با کشیدن یک دایره مشخص کنید.

حماقت
شهامت
محبت
ایمان
اقدام آنی و عجولانه
به مخاطره انداختن
محکوم کردن دیگران
داشتن اعتقاد به باورِ خود

پس از آنکه جاسوسان خانهٔ راحاب را ترک کردند، راحاب می‌باید یک کار دیگر نیز می‌کرد: او باید انتظار می‌کشید. پس از آنکه او خانوادهٔ خود را در آن خانه‌ای که ریسمان قرمز بر پنجره‌اش آویزان بود گرد آورد، همهٔ آنها در انتظار ماندند ... انتظار تا به روزی که اسرائیلیان بازگشتند!

به نظر شما چرا برای راحاب و اعضای خانواده‌اش ضروری بود که در همهٔ آن مدّت درون خانه بمانند؟

راحاب نمی‌دانست که او تا چه زمانی باید انتظار بکشد. او اطلاع نداشت که در آن سوی رود [اُردن] درون اردوگاه اسرائیلیان چه می‌گذشت. راحاب فقط این را می‌دانست که باید به همراه خانواده‌اش، با ایمان و توکل، در خانه‌اش صبر کند، و برای آمدن اسرائیلیان که هر آن ممکن بود برای تصرف اریحا ظاهر شوند، آماده باشد.

به نظر شما درون خانهٔ راحاب ـ آنجا که او و خانواده‌اش در انتظار بودند ـ چه می‌گذشت؟

امروزه ما نیز فرا خوانده شده‌ایم تا برای آنچه که به ما وعده داده شده است ـ یعنی بازگشت ثانوی خداوندمان عیسای مسیح ـ با ایمان انتظار بکشیم. این واقعه ممکن است هر آن رُخ دهد. پس، ما باید آماده باشیم. اما چگونه؟ ضمن مطالعهٔ آیه‌های زیر، نمودار زیر را پُر کنید.

| | بازگشت مسیح چگونه خواهد بود؟ | بازگشت مسیح چه اثری باید بر زندگی روزانهٔ ما داشته باشد؟ |
|---|---|---|
| متی ۲۴:۳۶-۵۰ | | |
| متی ۲۵:۱-۱۳ | | |
| مرقس ۱۳:۳۲-۳۷ | | |
| دوم پطرس ۳:۸-۱۳ | | |

در حالی که شما برای بازگشت مجددِ عیسی انتظار می‌کشید، از خود بپرسید: «آیا من آماده هستم؟» مطالعهٔ امروز را به خواندن لوقا ۲۱:۲۷-۲۸ به پایان رسانید. برای خود دعا کنید تا روزهای زندگی زمینی خود را در سایهٔ ابدیت و نجات نهایی او به سر ببرید.

آنگاه پسرِ انسان را خواهند دید که با قدرت و جلالِ عظیم در ابری می‌آید. چون این امور آغاز شود، راست بایستید و سرهای خود را بالا بگیرید، زیرا رهاییِ شما نزدیک است!

## روز دوم: نگرشی متفاوت

*یوشع ۶:۱-۲۰ را بخوانید.*

جریان سقوط اریحا، غالباً از دیدگاه یوشع و اسرائیلیان بیان شده است. اما امروز از دیدگاه راحاب به این داستانِ آشنا خواهیم پرداخت.

یوشع ۶:۱ را در زیر یادداشت کنید. در زیر عباراتی که نشان می‌دهند در اریحا چه می‌گذشت خط بکشید.

---

---

---

اگر چه دشمن هنوز ظاهر نشده بود، اما اریحا در وضعیتی اضطراری قرار گرفته بود ... گویا که تحت محاصرۀ دشمن باشد. مردم وحشت‌زده بودند زیرا آنها آنچه را که خدا در گذشته کرده بود شنیده بودند. هیچکس اجازۀ ورود به شهر و خروج از آن را نداشت. فشار و تشنج شدیدی بر اریحا حاکم بود.

خانۀ راحاب بر دیوار شهر بنا شده بود. پس طبیعی است که او در حین انتظار برای بازگشت اسرائیلیان، از پنجرۀ خود جریانات بیرون شهر را نظاره می‌کرد.

به نظر شما هنگامی که بالاخره ارتش اسرائیل ظاهر شد، راحاب چه چیزهایی دید و چه چیزهایی شنید؟ به اختصار این صحنه را توصیف کنید. (آیه‌های ۸-۱۱)

---

---

---

راحاب، با مشاهدهٔ بنی اسرائیل که در حال طوافِ شهر اریحا بودند، چه احساسی می‌توانست داشته باشد؟ احساسات احتمالی او را با کشیدن یک دایره مشخص کنید.

هنگامی که راحاب نزدیک شدن ارتش اسرائیل به اریحا را دید، احتمالاً احساسات متفاوتی داشت. شاید او به این می‌اندیشید که به سر مردمی که با آنها بزرگ شده بود چه خواهد آمد ... عاقبتِ افرادی که می‌شناخت چه بود؟ او می‌دانست که مرگ در انتظار همگی آنها بود، چرا که آنان خدا را رد کرده بودند. اما احتمالاً او یک نوع حس اطمینان و خاطرجمعی درونی نیز داشت، چرا که خود و خانواده‌اش به زودی رهایی می‌یافتند.

ارتش اسرائیل اریحا را در سکوت دُور زد و به اردوگاه خود بازگشت. این جریان چه افکاری در ذهن راحاب ایجاد می‌کرد؟

---

---

---

آنچه راحاب از پنجرۀ خانه‌اش دید تنها بخش کوچکی از تصویری بس بزرگتر بـود. او از دستورالعمل‌هائی که خدا به یوشع داده بود اطلاعی نداشت (۶:۲-۵). با وجود اینکه راحاب ایمان داشت که خدا آن سرزمین را به تصرف اسرائیلیان درخواهد آورد، اما او نمی‌دانست که این کار چگونه انجام خواهد شد.

ما نیز مانند راحاب، تنها قادریم «از درونِ پنجرۀ خود» بیرون را ببینیم. هنگامی که ما نیز به وقایع مضطرب کنندۀ زندگی شخصی و دنیای اطراف نگاه می‌کنیم، آنها را با دیدی بسیار محدود و فانی می‌بینیم. تمام تصویر در دسترس ما نمی‌باشد.

آیه‌های زیر را بخوانید. هر یک آیه دربارۀ نقشۀ خدا [در ارتباط با تصویر بزرگ زندگی ما] چه می‌گوید؟

پیدایش ۵۰:۲۰

ارمیا ۲۹:۱۱

رومیان ۲۸:۸-۲۹

با نگاه به وقایع زندگیِ گذشتۀ خود، آیا شما امروز قادر هستید تصویر بزرگتر نقشه و هدف خدا را در زندگی خود ببینید ... تصویری که در آن زمان قادر به تشخیص آن نبودید؟

_____

_____

_____

_____

_____

چگونه خدا آن جریانات را بکار گرفته است تا شما را به شباهت مسیح شکل دهد؟

_____

_____

_____

با کشیدن یک خط، آیه‌های زیر را به آدرسِ درستِ آنها وصل کنید.

یوحنا ۷:۱۳           ... افکار من افکار شما نیست، و نه راه‌های من، راه‌های شما. زیرا چنانکه آسمان از زمین بلندتر است، راه‌های من نیز از راه‌های شما و افکار من از افکار شما بلندتر است.

مزمور ۱۱-۱۰:۳۷     عیسی پاسخ داد: «اکنون از درک آنچه می‌کنم ناتوانی، اما بعد خواهی فهمید.»

اشعیا ۹-۸:۵۵       پس از اندک زمانی، دیگر شریری نخواهد بود؛ و هرچند او را بجویی، یافت نخواهد شد. اما حلیمان وارث زمین خواهند شد، و از فراوانیِ سلامتی لذت خواهند بُرد.

این آیه‌ها در ارتباط با تفاوت نگرش ما با نگرش خدا چه می‌گویند؟

_____

_____

_____

در این راستا، دوم قرنتیان ۷-۶:۵ چه دستوری دربارهٔ طرز زندگی به ما می‌دهد؟

_____

_____

_____

از آنجا که ما دیدِ وسیعِ خدا را نداریم، ما باید در این دنیا با ایمان زندگی کنیم؛ با ایمان به اینکه آنچه را که ما قادر به دیدنش نیستیم خدا می‌بیند. **اگر می‌توانستیم آنچه را خدا می‌بیند ببینیم و آنچه را او می‌داند بدانیم، قلب و جانمان آرامی می‌یافت.**

در خاتمهٔ مطالعهٔ امروز، شعر زیر را بخوانید و بر کلمات آن تأمل کنید. این شعر نگرش خدا به تصویر بزرگ‌تر را به قلم می‌کشد و از نقشهٔ نهایی او برای زندگی ما صحبت می‌کند.

# بافنده

زندگی من فرشی است
بافنده‌اش نه من، بلکه اوست
او دائماً در حال بافتن آن است
انتخاب رنگ‌ها نه با من، بلکه با اوست

گاهی با نخِ سیاهِ غم می‌بافد
و من با غروری زیانبخش
از یاد برم که او به روی فرش می‌نگرد
و من به پشت پُر گرهٔ فرش

چه سکوت مرگباری حاکم شده!
آیا دست‌هایش از حرکت ایستاده؟
آیا خدا آن روی فرش را نشان خواهد داد؟
پاسخ چراها را به من خواهد داد؟

نخ‌های تیره نیز لازمند
در دست‌های بافندهٔ ماهرند
زیبایی نخ نقره و طلا روزی هویدا گردد
بر زمین‌های تاریک، درخشش آن مشهود گردد

دانش، محبت، و تدارکاتش
نتوان پنهان نمودش
دهد بهترین‌هایش
به آنان که روند از پی اش

# دیوارهای اریحا

اریحا، این شهر بسیار محکم، بر تپه‌ای بنا شده بود که در باستان‌شناسی به آن «تل» می‌گویند. دور تا دور شهر اریحا را خاکریزی شیب‌دار احاطه کرده بود. خودِ این خاکریز نیز بر روی یک دیوار سنگی بنا شده بود. این دیوار سنگیِ زیر بنا، که در واقع پایهٔ شهر محسوب می‌شد، سه و نیم تا چهار و نیم متر ارتفاع داشت. و بر روی این دیوارِ سنگیِ زیربنا، دیواری آجری بنا شده بود که حدود دو متر ضخامت و هشت متر ارتفاع داشت.

در بالای دیوار آجری شهر اریحا، دیوار آجری دیگری بنا شده بود که به اندازهٔ چهارده متر فراتر از موانع بیرونی شهر بسط داده شده بود. این همان دیواری بود که اسرائیلیان هر روز به دور آن طواف می‌کردند.

## روز سوم: اعتماد بر وعده‌های او

***لوقا ۱۹:۹-۱۰ را بخوانید.***

زمانی که راحاب از پنجرهٔ خانه‌اش اسرائیلیان را می‌دید که نظامی وار شهر را دور می‌زدنـد، آیا به نجات یافتن خود و خانواده‌اش شک نمی‌کرد؟ شاید! تنها چیزی که راحاب می‌توانست بر آن اعتماد کند، سخنان آن دو غریبه‌ای بود که در خانه‌اش مانده بودند. آنها او را مطمئن کرده بودند که خدا آن سرزمین را به آنها داده بود، و به او قول دادند که هنگام تصرف شهر، جان او و خانواده‌اش را حفظ خواهند کرد. اما، آیا آنها واقعاً به قول خود عمل می‌کردند؟

در چه دورانی از زندگی خود به آنچه خدا در زندگی شما می‌کند شک کرده‌اید؟

____________________________________

____________________________________

____________________________________

____________________________________

____________________________________

زمانی که احساس می‌کنید در یک جنگ هستید، چگونه به خود (و یا دیگران) یادآوری می‌کنید که باید به خدا توکل کرد؟

____________________________________

____________________________________

____________________________________

____________________________________

____________________________________

در جریان توبهٔ زکای خراج‌گیر در لوقا ۱۹، عیسی دلیل آمدن خود را برملا می‌کند. دلیل آمدن مسیح چه بود؟

درست مانند جاسوسان که راحاب را یافته و به او توضیح دادند که چگونه می‌تواند نجات یابد، عیسی هم به دنبال گمشدگان می‌آید تا به ما نشان دهد که راه رهایی از هلاکتی که در راه است چیست.

به مانند عهدی که جاسوسان با راحاب بستند، عیسی نیز قبل از صعودش به آسمان وعده داد که او روزی باز خواهد گشت. او نگفت که بازگشت او چقدر طول خواهد کشید و یا اینکه چه زمانی باز خواهد آمد. او فقط وعده داد که یقیناً باز خواهد گشت.

در حالی که ما برای آن روز انتظار می‌کشیم، گاهی به نظر می‌رسد که خدا دربارهٔ شرارتِ این دنیا هیچ کاری نمی‌کند. و گاهی ما وسوسه می‌شویم از خود بپرسیم: آیا او واقعاً باز خواهد گشت؟

**حتی اگر همه چیز مأیوس کننده به نظر برسد، اما ما می‌توانیم به وعده‌های خدا اعتماد کنیم.**

بین سال‌های ۱۹۰۷ و ۱۹۱۱ دو باستان شناسان آلمانی به نام‌های «ارنست سلین» و «کارل واتزینگر» در کاوش‌های خود در حفاری‌های اریحا، آثاری از این دیوارهای دو جداره و نیز بقایایی از قسمت تحتانی دیوار شهر را کشف نمودند. آنها دریافتند که در کنار دیوارهای فرو ریخته شده، بقایای بخش بسیار کوچکی از دیوار همچنان سالم باقی مانده بود. این باستان شناسان همچنین بقایای خانه‌های بنا شده بر دیوار بیرونی شهر را یافتند که خراب نشده بودند.

یوحنا ۳:۱۴ را در زیر یادداشت کنید.

_____

_____

_____

مضمون این آیه چگونه شما را در انتظار کشیدن قوت می‌بخشد؟

_____

_____

_____

در کلام خـدا چـه وعده‌های دیگری یافت می‌شـوند کـه بـه شـما قـوت قلب و امید می‌بخشـند؟ آنها را در زیـر بنویسـید.

_____

_____

_____

_____

_____

_____

آیا احساساتی را که در مطالعهٔ روز گذشته بررسی کردیم به یاد دارید؟ خدا از همهٔ آن احساسات با خبر است. او با محبت و رحمتِ خود می‌تواند شما را در همهٔ آنها یاری دهد. در هر شرایطی که باشید ـ در ترس، در شادی، در نومیدی ـ همهٔ وعده‌هایی که به شما داده است حقیقتِ محض [و قابلِ اعتماد] هستند.

در پایان مطالعهٔ امروز، نمودار زیر را پُر کنید و سپس وعده‌ای را که بیش از همه مناسب شرایط کنونی خود می‌بینید بر روی کاغذی بنویسید و آن را در مکانی نصب نمایید که دائماً بتوانید آن را ببینید.

| هنگامی که احساس ... میکنم | می‌توانم به این وعدهٔ خدا توکل کنم | که او این را خواهد کرد |
|---|---|---|
| بدبینی | مزمور ۱۱۱:۷-۸ | |
| ترس | مزمور ۲۳:۴ | |
| چشم براهی و انتظار | مزمور ۳۴:۵ | |
| هیجان | کولسیان ۳:۲۳-۲۴ | |
| کنجکاوی | ارمیا ۲۹:۱۳ | |
| دلهره و هراس | امثال سلیمان ۳:۵-۶ | |
| غم و اندوه | یوحنا ۱۶:۲۰ | |
| شک و تردید | اشعیا ۴۱:۱۰ | |
| سردرگُمی | یعقوب ۱:۵ | |
| دلشکستگی | اول پطرس ۳:۱۲ | |

## روز چهارم: داوری و نجات

*یوشع ۶:۱۵-۲۷ را بخوانید.*

ممکن است که شما در کانون شادیِ کلیسا بارها سرود «فرو ریختن دیوارهای اریحا» را سراییده باشید. متأسفانه، اگر آشنایی ما با داستان‌های کلام خدا فقط در حد یک سرودِ کودکانه است، به آسانی حقایق مهمی را که خدا می‌خواهد به ما بیاموزد از دست می‌دهیم.

این بخش از کلام خدا بیانگر چه معجزهٔ مشهوری است؟

فرو ریختن دیوارهای اریحا نه تنها دربارهٔ مجازات کردن مردم کنعان بود، بلکه [مثل یک سایه] پیشاپیش خبر می‌داد که روزی این دنیای گناه‌آلود نیز مجازات خواهد شد.

یوشع ۶:۲۲-۲۳ را که در زیر نوشته شده است بخوانید. پس از سقوط اریحا، چه بر سرِ راحاب و خانواده‌اش آمد؟ پاسخ خود را با کشیدن یک خط مشخص کنید.

> اما یوشع به دو مردی که زمین را جاسوسی کرده بودند، گفت: «به خانهٔ آن روسپی بروید و طبق سوگندی که برایش خوردید، او را با همهٔ بستگانش از آنجا بیرون آورید.» پس آن دو جوانِ جاسوس داخل شده، راحاب را با پدر و مادر و برادران و هر چه داشت، بیرون آوردند و همهٔ خویشان او را بیرون از اردوگاه اسرائیل جا دادند.

چرا لازم بود راحاب را به بیرون از اردوگاه اسرائیلیان منتقل کنند؟ برای درک بهتر این موضوع، به آیه‌های زیر مراجعه کنید.

اعداد ۵:۱-۴

اعداد ۱۲:۱۴

تثنیه ۲۳:۹-۱۴

راحاب و خانواده‌اش از لحاظ آئین یهود ناپاک محسوب می‌شدند. آنان می‌بایستی، بطور موقت، بیرون از اردوگاه نگاه داشته می‌شدند. بر حسب قوانین یهودیان، آنها پیش از ملحق شدن به سایر اسرائیلیان می‌باید شسته و تطهیر می‌شدند.

این جریان تصویری به ما ارائه می‌دهد از آنچه که عیسی برای ما انجام داد. در عبرانیان ۱۲:۱۳ می‌خوانیم:

«به همین سان، عیسی نیز بیرونِ دروازهٔ شهر رنج کشید تا با خون خود، قوم را تقدیس کند.» هنگامی که عیسی گناهان دنیا را بر خود گرفت، او ناپاک شد. او برای زنده ساختن و تطهیر کردن ما به پست‌ترین مرحلهٔ ممکن، یعنی جدا شدن از خدا و قومش، رسید. به عبارتی، او به «خارج از اردوگاه» رفت تا ما غریبان را به قوم خدا ملحق کند. «او به خاطر گناهان ما تسلیم مرگ گردید و به جهت پارسا شمرده شدنِ ما، از مُردگان برخیزانیده شد.» (رومیان ۲۵:۴) هنگامی که مسیح از مُردگان برخاست، او بر آلودگی و ناپاکی حاصل از گناهی که او را به خارج از اردوگاه منتقل کرده بود فائق آمد. و هنگامی که ما برای نجات خود بر او اعتماد می‌کنیم، ما نیز پاک شده و در او حیات می‌یابیم.

یوشع ۶:۲۰-۲۱ را بخوانید. چه عاقبتی گریبانگیر سایر مردم اریحا شد؟

---

---

---

به نظر شما روشی که اریحا مجازات شد منصفانه بود یا ناعادلانه؟ چرا؟

---

---

---

وضعیتِ راحابِ گناهکار بهتر از سایر گناهکاران اریحا نبود. با این وجود خدا به راحاب ایمان بخشید، و برای نشان دادن رحمتِ خود، او را نجات داد.

به آیه‌های زیر مراجعه کنید. در مقابل هر آیه بنویسید که ارادهٔ و خواستِ خدا برای بشریت چیست؟

حزقیال ۲۳:۱۸

متی ۳۷:۲۳

دوم پطرس ۹:۳

اول تیموتاوس ۲:۳-۴

از آنجایی که خدا قُدُس است و هرگز مرتکب گناه نمی‌شود، او باید شرارت را مجازات کند. اما چگونه؟ یا با هلاکت ابدی ما در جهنم و یا از طریق پسرش عیسی که مجازات ما را بر خود می‌گیرد. البته، او خدای بخشنده نیز می‌باشد. به همین دلیل، تمایل قلبی او این است تا به گناهکارانی که توبه کرده و به او ایمان می‌آورند رحمت نماید.

همهٔ ما گناه می‌کنیم و از معیار قدوسیت خدا فرسنگ‌ها دور هستیم. همهٔ ما غم و رنج و مُصیبتِ حاصل از زندگی در این دنیای گناهکار را تجربه کرده‌ایم. اما عیسی آمد تا نجات [از گناه و عواقب آن] را برای ما به ارمغان آورد.

بر روی صلیب، آنجا که عیسی جام درد و رنجی را نوشید که همهٔ مردم دنیا در همهٔ ادور باید می‌نوشیدند، مجازات و نجات در کنار یکدیگر قرار گرفتند [عیسی مجازاتِ ما را بر خود گرفت ... عیسی نجاتِ خود را به ما داد] تا دنیای گناهکار بتواند آمرزش، تسلی، و شفا دریافت کند.

آیه‌های زیر را بخوانید. اگر به خداوند اعتماد کنیم، او چه وعده‌ای در رابطه با آینده به ما می‌دهد؟ زیر آن یک خط بکشید.

> آمین، آمین، بشما می‌گویم، شما زاری و ماتم خواهید کرد، اما جهان شادمان خواهد شد؛ شما غمگین خواهید بود، اما غمِ شما به شادی بدل خواهد شد ... به همین سان، شما نیز اکنون اندوهگین‌اید؛ اما باز شما را خواهم دید و دلِ شما شادمان خواهد شد و هیچ کس آن شادی را از شما نخواهد گرفت.» (یوحنا ۱۶:۲۰ و ۲۲)
>
> آری، فدیه‌شدگانِ خداوند باز خواهند گشت؛ آنان سرودخوانان به صهیون داخل خواهند شد، و شادیِ جاودانی زینت بخشِ سَرِشان خواهد بود. به شادمانی و خوشی خواهند رسید، و غم و ناله خواهد گریخت. (اشعیا ۵۱:۱۱)

اینکه خدا غم و اندوهِ ما را بر دوشِ خود گرفت خبر شگفت‌انگیزی است! و از آنجایی که او این کار را حقیقتاً انجام داد، خبر خوش این است: **روزی خواهد رسید که خدا همهٔ غم‌های آنانی که به عیسی ایمان آورده‌اند را به شادی تبدیل خواهد کرد.**

در پایان مطالعهٔ امروز، آیه‌های زیر را بخوانید و با نوشتن اسم خود در قسمت نقطه‌چین آنها را با شخص خودتان مرتبط کنید.

**اشعیا ۵۳:۳-۶**

خوار و مردود نزد ..................................،

مرد درد آشنا و رنجدیده؛

چون کسی که .......... از او بگردانند،

خوار گشت و به ................ نیاوردیم.

حال آنکه رنج‌های ...................... بود که او برخود گرفت

و دردهای ..................... بود که او حمل کرد،

اما .............................. او را از جانب خدا مضروب

و از دست او مصدوم و مبتلا پنداشتیم.

حال آنکه به سبب نافرمانی‌های ......................... بدنش سوراخ شد،

و به جهت تقصیرهای ......................... لِه گشت؛

تأدیبی که ......................... را سلامتی بخشید بر او آمد،

و به زخم‌های او ......................... شفا می‌یابیم.

......................... چون گوسفندان، گمراه شده بودیم، و ......................... به راه خود رفته بود،

اما خداوند تقصیر ......................... را بر وی نهاد.

**رومیان ۳:۲۳**

زیرا ..................... گناه کرده‌اند و از جلال خدا کوتاه می‌آیند.

# روز پنجم: او پناهگاه ماست

مزمور ۴۶ را بخوانید.

هنگامی که اسرائیلیان اطراف دیوارهای اریحا رژه می‌رفتند، راحاب می‌دانست که دیوار مستحکم اریحا قلعه‌ای نیست که بتوان در آن پناه گرفت. با اینکه راحاب شناخت کمی از خدا داشت، اما برای حفاظت خود، چشمان خود را بر خدا و قومش دوخت.

امروز ما از یک سری امتیازات روحانی برخورداریم که راحاب فاقد آنها بود. ما صلیب مسیح را داریم ... ما کلامِ نوشته شدهٔ خدا را داریم. با این وجود، هنوز بسیاری از مردم با اینکه حقیقت را بارها و بارها شنیده‌اند، اما حاضر نشده‌اند تا از گناهان خود توبه کرده و بر مسیح توکل کنند.

به نظر شما زمانی که مردم درد می‌کشند، برای تسلی و آرامی به چه چیزهایی پناه می‌برند؟

_____

_____

_____


آیه‌های زیر را بخوانید. بر اساس این آیه‌ها، اگر ما برای نجات از گناه به مسیح پناه نبریم، چه عواقبی در انتظار ماست؟


یوحنا ۱۸:۳ _____

_____

_____


اعمال رسولان ۴:۱۱-۱۲ _____

_____

_____


دوم پطرس ۳:۷ _____

_____

_____


متی ۱۳:۴۰-۴۲ _____

_____

_____


سال‌ها قبل از راحاب، خدا به موسی دستور داده بود تا شهرهای مشخصی را مقرر کند تا آنانی که در خطر مرگ قرار می‌گرفتند بتوانند به آنجا پناه ببرند.

اعداد ۳۵:۹-۱۲ را بخوانید. هدف از این شهرهای پناهندگی [ملجا] چه بود؟ این شهرها برای چه کسانی مقرّر شده بودند؟

---

---

---

هر فردی که به یکی از این شش شهر ملجا پناه می‌بُرد، می‌توانست مشکل خود را به نزد مشایخ شهر ببرد. اگر بی‌گناهیِ او ثابت می‌شد، او می‌توانست تحت حمایت و محافظت آن مشایخ، تا زمانِ مرگِ کاهنِ اعظمِ وقت در آن شهر در امنیت زیست کند. (آیهٔ ۲۵)

عیسی شهر پناهگاه [ملجا] ماست. این بدان معنی نیست که ما هرگز با خطرات فیزیکیِ این دنیا روبرو نخواهیم شد. **بلکه بدین مفهوم است که ما هرگز از لحاظ روحانی هلاک نخواهیم شد زیرا او پناهگاه امن و ابدی ماست.**

سخنان عیسی در متی ۲۸:۱۰ را در زیر بنویسید.

---

---

---

عیسی پناهگاه امن ماست ... نه تنها از گناه و عواقب ابدی آن، بلکه در زمان سختی‌ها و مشکلات نیز. او، در رویارویی با دشواری‌های زندگیِ زمینی، به ما ثُبات و تسلی و آرامش می‌بخشد.

در آیه‌های زیر، خدا تحت عنوان «پناهگاهِ ما» توصیف شده است. با کشیدن یک خط، هر آیه را به توصیف مربوطهٔ خود وصل کنید.

| | |
|---|---|
| مزمور ۱:۴۶ | برجِ مُستحکم |
| مزمور ۹۱:۱-۲ | آرامش کامل |
| امثال سلیمان ۱۰:۱۸ | دژِ بلند |
| اشعیا ۳:۲۶ | یاور در تنگی‌ها |

همهٔ ما در این زندگی شرایط سخت را تجربه خواهیم کرد. این یکی از واقعیت‌های اجتناب‌ناپذیر دنیای سقوط کرده است. گاهی اوقات این سختی‌ها، به مانند ارتشی که شهر راحاب را تسخیر کرد، بسیار عظیم‌اند. و گاهی این سختی‌ها مزمن‌تر هستند؛ مشکلاتی که به مرور زمان به زندگی ما خزیده و بر هم انباشته می‌شوند. اما در هر صورت، این سختی‌ها و مشکلات، چه کوچک و چه بزرگ، باید ما را به سوی خدای قادر مطلق سوق دهند.

به مشکلات کنونی خود بیندیشید. شما برای رهایی و تسلی خود به کجا پناه می‌برید؟

_____

_____

_____

آیا شما توکل خود را بر چیزی یا کسی به غیر از خدا قرار داده‌اید؟

_____

_____

_____

در پایان مطالعهٔ این هفته، مزمور ۴۶ را بخوانید. در آن تفکر کنید و این مزمور را با کلمات خود در زیر بازنویسی کنید. از عیسی بخواهید تا شما را یاری دهد تا به‌سوی او دویده و در او پناه بجویید.

_____

_____

_____

_____

_____

_____

_____

آیهٔ

# ریسمان قرمز

مطالعهٔ این هفته نقطهٔ اوج کل داستان راحاب بود. به آیهٔ ریسمان قرمز این هفته خوب توجه کنید. در واقع معنی اصلی آیهٔ ریسمان رهایی از قرار زیر است:

> ... خدا محبت خود را به ما این گونه ثابت کرد که وقتی ما هنوز گناهکار بودیم، مسیح در راه ما مُرد. پس چقدر بیشتر، اکنون که توسط خون او پارسا شمرده شده‌ایم، به واسطهٔ او از غضبْ نجات خواهیم یافت. (رومیان ۵:۸-۹)

شخصِ عیسی ریسمان رهایی است. تنها اوست که همهٔ وعده‌های خدا را برای ما به انجام رسانیده و ما را رهایی می‌دهد. روزی که دیوارهای این دنیا نیز فرو ریزند، همهٔ آنانی که در خانهٔ عیسی باشند، تا به ابد در امنیتِ خواهند بود. [اگر در او یافت شویم] گناهان ما آمرزیده خواهند شد، داستانِ ما به نجات خواهد انجامید، و همهٔ غم‌های ما به شادی مبدل خواهند شد! چگونه؟ دقیقاً به همان طریقی که هر ایمانداری در طول اعصار مختلف نجات یافته است:

- به وسیلهٔ فیض خدا ــ همانند آنچه آدم و حوا تجربه کردند (هفتهٔ اول).
- به واسطهٔ یک جانشین [عیسی] که خدا برای ما مقرر کرده است ــ همانند نجات یافتن اسحاق (هفتهٔ دوم).
- با ایمان به آنچه خدا گفته است ــ همانند آنچه اسرائیلیان در مصر انجام دادند (هفتهٔ سوم).
- با بازگشت به سوی خدا برای دریافت یاری از او ــ همانند آنچه مردم زمان اشعیا باید انجام می‌دادند (هفتهٔ چهارم).

از طریق مرگ مسیح به جای ماست که خدا رحمت خود را به ما عرضه می‌کند. اگر ما به این حقیقت ایمان آوریم، و بپذیریم که عیسی تنها امید ما برای نجات جان و داستان زندگیمان است، و برای رهایی به سوی او بازگردیم ... ما نجات خواهیم یافت. اگر شما تا به امروز این قدم را برنداشته‌اید، همین حالا این کار را انجام دهید! او از ملحق شدن شما به خانواده‌اش [به خوشی] استقبال می‌کند؛ همانطور که این موضوع در رابطه با راحاب مصداق پیدا کرد. این همان نجاتی است که به مدت پنج هفته دنبال کرده‌ایم. جلال بر نـامِ خـدا! هفتهٔ آینده خواهیم دید که انتهای این ریسمان به کجا می‌رسد. خبر خوش این است که انتهای این ریسمان به پایانی بسیار خوش منتهی می‌شود!

## آیهٔ حفظی

در طول این هفته بر این آیه تفکر کرده و آن را حفظ کنید.

پس اگر کسی در مسیح باشد، خلقتی تازه است. چیزهای کهنه درگذشت؛

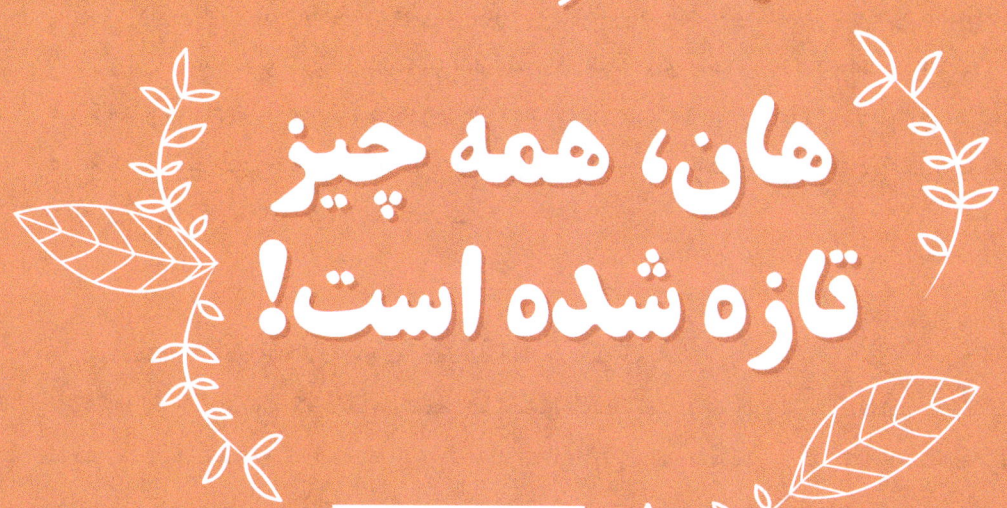

# هان، همه چیز تازه شده است!

دوم قرنتیان ۱۷:۵

# هفتهٔ ششم

## هویتی جدید

**موضوع اصلی:** عیسی به شما هویتی جدید می‌بخشد که باید بابت آن مسرور بود.

تغییر دادن هویت قانونی کار آسانی نیست. شما باید فرم‌های رسمی متعددی پُر کنند و چندین مرتبه در دادگاه حاضر شوید. و اگر موفق به تغییر اسم خود شوید، باید شمارهٔ ملی جدید برای خود اخذ کنید. سپس باید اسم سابق خود در همهٔ مدارکتان را به اسم جدید تغییر دهید. علاوه بر این، متخصصین توصیه می‌کنند که هویت جدید خود را باید به ادارهٔ پلیس نیز گزارش کنید.

حتی اگر وارد اینچنین فرآیند رسمی نشده باشیم، اما اکثر ما آرزو کرده‌ایم که ایکاش می‌توانستیم گذشتهٔ خود را باطل کرده و به فراموشی بسپاریم ... ایکاش می‌توانستیم اشتباهات خود و عواقب ناشی از آنها را شُسته و شروع جدیدی را آغاز کنیم. که البته برای رسیدن به این مقصود، زندگی ما باید کاملاً و از بیخ و بُن عوض شود. در واقع ما به یک هویت کاملاً جدید نیاز داریم. در این آخرین هفته از مطالعهٔ خود خواهیم دید که چگونه این موضوع برای راحاب اتفاق افتاد ـ یعنی همان چیزی که در زندگی ما نیز می‌تواند رُخ دهد.

در این هفته، با معطوف کردن توجه خود به تعلیم عهد جدید دربارهٔ راحاب، پی خواهیم بُرد که علیرغم هر نوع گذشته‌ای که داشته باشیم، خدا مایل است ـ توسط پسرش عیسی ـ هویتی جدید و شروعی تازه به ما عطا کند. اما در این فرآیند، کارِ او تنها این نیست که ما را از گناهان گذشته رهایی بخشد. او همچنین ما را آزادی می‌بخشد تا ما بتوانیم بدون ترس با آینده مواجه شویم، ایمانی را که به او داریم در عمل زیست کنیم، و در برابر هر اتفاقی که در آینده رُخ دهد بر او امید ببندیم. علاوه بر این، او ما را فرا می‌خواند تا داستان خود را با دیگران در میان بگذاریم تا آنها نیز شگفتيِ فیضِ عجیبِ او را تجربه کرده و در او هویتی جدید بیابند.

# روزِ اول: از فاحشه‌گری تا شاهدختی

متی ۱:۱-۱۷ را بخوانید.

اسم راحاب در عهد جدید، برای اولین بار، در انجیل متی، در شجره نامهٔ عیسی آمده است. از آنجایی که این شجره‌نامه حاوی فهرست بلندی از اسامی است، ما غالباً وسوسه می‌شویم تا از خواندن آن صرف‌نظر کنیم. با اینگونه غفلت، حقایقی عمیق را از دست خواهیم داد.

این نام‌ها [که برای ما نا آشنا ـ و حتی تلفظ آنها دشوار است] به ما یادآوری می‌کنند که چقدر تک تک افراد برای خدا ارزشمند هستند.

بله! این نام‌ها برای خدا مهم هستند. هر یک از این اشخاص در بخشی از نقشهٔ نجات خدا قرار داشته است. در مورد ما نیز همچنین است: او می‌داند که من و شما در نقشهٔ ابدی و اهداف او در کجا باید قرار بگیریم.

آیا در حین خواندن این نام‌ها در انجیل متی، با نام آشنایی مواجه شدید؟

_____

_____

_____


ابراهیم، اسحاق، یعقوب، داوود، و سلیمان نام‌هایی هستند که ما قطعاً انتظار داشتیم آنها را در شجره‌نامهٔ مسیح ببینیم. ابراهیم، اسحاق، یعقوب پدران ملت یهود محسوب می‌شوند ... داوود مردی بود موافق دلِ خداوند ... و سلیمان حکیم‌ترین مرد روی زمین بود.

اکنون متی ۱:۵-۶ را در زیر بنویسید. چه اسمی برای شما آشنا است؟

_____

_____

_____

_____

_____

در دورانی که متی دست به نگارش می‌زند، ذکر نام یک زن در شجره‌نامه بر خلاف عُرف بود زیرا نسلِ خانوادگی معمولاً از طریق مردان ردیابی می‌شد. علاوه بر این، متی این شجره‌نامه را در عصری می‌نویسد که بر طبق فرهنگ آن زمان، زنان در رتبه‌ای پایین‌تر از مردان محسوب می‌شدند.

گنجانیدنِ نام زنان در شجره نامهٔ عیسی، چه حقیقتی را دربارهٔ نگرش خدا بر زنان روشن می‌کند؟

_____

_____

_____

آیا نام زنان دیگری به غیر از راحاب در این شجره‌نامه آمده است؟ آنها را در زیر یادداشت کنید.

_____

_____

_____

آیه‌های مندرج در نمودار زیر را بخوانید و با استفاده از دو یا سه کلمه شخصیت هر یک از این زنان را توصیف کنید.

| | |
|---|---|
| تامار | پیدایش ۳۸ |
| راحاب | یوشع ۲ |
| روت | روت ۱ |
| بَتشَبع (زن اوریا) | دوم سموئیل ۱۱ |
| مریم | لوقا ۱:۲۶-۳۸ |

ثبت کردن نام‌های این زنان در شجره نامهٔ عیسی بازگوکنندهٔ چه حقیقتی دربارهٔ شخصیت خداست؟ کدام‌یک از کلمات زیر شخصیت خدا را در این باره توصیف می‌کند؟

به دور از محبت

نجات‌بخش

آمرزنده

خشمگین

مملو از فیض

غیر قابل دسترس

رهایی‌دهنده

گنجانیدنِ نام راحاب در این فهرست یکی از نمونه‌های بارزِ فیض باور نکردنی خدا در عمل است. او به راحاب هویتی کاملاً جدید داد، گذشتهٔ او را بخشید، و او را آنچنان آزاد کرد که بتواند بدون هر گونه ترسی با آینده روبرو شود.

یک فهرست از کلماتی تهیه کنید که هویت جدید راحاب را توصیف می‌کنند.

---

---

---

راحاب نجات نیافته بود تا برای همیشه خارج از اردوگاه اسرائیلیان بماند و یا اینکه با او مثل یک برده و شهروند درجهٔ دوم رفتار شود. خدا دولتمندانه راحاب را برکت داد، او را به خانواده‌ای جدید پیوند زد، و بدین وسیله او را به بخشی از یک اجتماع جدید ایمانی تبدیل کرد.

اول قرنتیان ۲۷:۱-۲۹ را که در زیر نوشته شده است بخوانید.

> اما خدا آنچه را که دنیا جهالت می‌پندارد، برگزید تا حکیمان را خجل سازد؛ و
> آنچه را که دنیا ضعیف می‌شمارد، انتخاب کرد تا قدرتمندان را شرمنده سازد؛ خدا
> آنچه را که این دنیا پست و حقیر می‌انگارد، بلکه نیستی‌ها را، برگزید تا هستی‌ها
> را باطل سازد، تا هیچ بشری در حضور او فخر نکند.

چگونه انعکاس این آیه‌ها را در داستان زندگی راحاب می‌بینید؟

_____

_____

_____

از آنجا که راحاب به عضویت خانوادۀ عیسی، شاه شاهان، در آمد، آن فاحشۀ کنعانی تبدیل به یک
شاهدخت یهودی شد. او در این تبدیل هویت، چه چیزی را می‌بایستی ترک می‌کرد؟

_____

_____

_____

او در این تبدیل هویت چه بدست آورد؟

_____

_____

_____

اگر امروز ما نیز تصمیم به پیروی مسیح بگیریم، چه چیزهایی را باید ترک کنیم؟

_____

_____

_____

چه چیزهایی بدست می‌آوریم؟

_____

_____

_____

**اگر خدا قادر است راحابِ فاحشه را به یک شاهدخت تبدیل نماید، او چگونه زندگی شما را تبدیل خواهد کرد؟**

_____

_____

_____

# روز دوم: تصویری از انجیل

دوم قرنتیان ۱۷:۵ را بخوانید.

همانطور که در مطالعهٔ روز گذشته دیدیم، راحاب فاحشه تبدیل به یک شاهدخت یهودی شد. او با مردی از ملت یهود ازدواج کرد و به این ترتیب وارد دودمان [تِژد خانوادگی] مسیح شد.

اما در این بین پرسشی پیش می‌آید. در تثنیه ۷:۱-۳ خدا دربارهٔ ازدواج اسرائیلیان با کنعانیان فرمان‌های خاصی داده بود. این فرمان‌ها چه بودند؟

_____

_____

_____

راحاب یک کنعانی بود. پس چطور شد که او توانست در اسرائیل اقامت گزیده و با یک اسرائیلی ازدواج کند؟ پاسخ این است که راحاب دیگر، یک کنعانی نبود. راحاب، از طریق ایمان، به یک اسرائیلی تبدیل شده بود. او تبدیل به زنی ایمان‌دار شده بود که به خدای حقیقی ایمان آورده است. بنابراین دیگر، او یک بی‌ایمان محسوب نمی‌شد.

# زنی دیگر که به رهایی نیاز داشت

فصل دوم یوشع تنها جایی نیست که خدا برای نجات و آزادسازی قدم‌های غیرمنتظره برمی‌دارد.

یوحنا ۴ ملاقات و گفتگوی عیسی با زنی سامری را شرح می‌دهد. همانطور که خدا در تدارکِ از پیش ترتیب داده شدهٔ خود، دو جاسوس به نزد راحاب فرستاد تا این گمشده را بجویند، عیسی نیز [با برداشتن قدمی غیر منتظره] به شهر سامره رفت تا با این زن در کنار چاه آبی ملاقات کند.

- به مانند راحاب، سبک زندگی این زن نیز آمیخته با گناهان جنسی بود.
- به مانند راحاب، این زن نیز اسرائیلی نبود. او یک سامری بود. (یهودیان با سامریان به هیچ وجه رفت و آمد و مُراوده‌ای نداشتند زیرا سامریان با غیریهودیان ازدواج کرده بودند، و معبد و سیستم مذهبی مجزایی داشتند).

آیه‌های زیر را بخوانید. زندگی راحاب چگونه آنچه را در هر یک از آیه‌های زیر توصیف شده است به تصویر می‌کشد؟

**دوم قرنتیان ۵:۱۷** ______________________

______________________________

______________________________

**افسسیان ۲:۱۹** ______________________

______________________________

______________________________

اگر شما در مسیح هستید، شما دیگر آن کسی که قبلاً بودید نیستید. شما خلقتی جدید هستید. شما شناسنامه‌ای نو، و هویتی کاملاً جدید دارید. گناهان گذشتهٔ شما همگی آمرزیده شده‌اند، و آیندهٔ امیدبخشی در انتظار شماست.

در نهایت، بر طبق داستان راحاب، خدا قادر به نجات دادن چه کسانی است؟

______________________________

______________________________

______________________________

______________________________

______________________________

بر اساس غلاطیان ۳:۱۰، ما زیرِ ................. هستیم اگر در ............. تمام آنچه در ............. نوشته شده است ............. ننمائیم.

بنابراین هر یک از ما یک راحاب هستیم. همهٔ ما ذاتاً سرکش و متمرّد آفریده شده‌ایم. در همهٔ ما این تمایل درونی وجود دارد که بر حسب راه‌های خود عمل کنیم. برخی این کار را با گناهان جنسی انجام داده‌اند، ... بعضی با اعتیاد به مواد مخدر و الکل ... و بسیاری نیز با تکبر، روحیهٔ خود کفا، و ریاکاری! خارج از حیطهٔ فیض خدا و ریسمان قرمز او - یعنی خون مسیح که برای پرداخت مجازات گناه ما ریخته شد - هیچ امیدی برای ما درماندگان وجود ندارد.

علیرغم هرگونه گذشته‌ای که داشته‌ایم، ما می‌توانیم از طریق عیسای مسیح نجات یابیم. حتی اگر اطرافیانمان را نیز بطور ناامیدکننده‌ای هلاک شده قلمداد کنیم، ولی آنان نیز می‌توانند نجات یابند.

افسسیان ۲:۸-۹ را بخوانید. این آیه را با کلمات خودتان بازنویسی کنید.

---

---

---

دلیل نجاتِ راحاب نه شخصیت او بود و نه اعمال نیکوی او. زندگی فاسدِ راحاب در شهری سپری شده بود که شرارت کراهت آور آن به اوج خود رسیده بود. دلیل نجات راحاب این نبود که او با اعمال نیک خود توانسته بود اعمال کثیف خود را پاک کند. نه! او تنها به خاطر فیض خدا نجات یافت.

و این اصل همان پیغام انجیل [خبر خوش] است.

- به مانند راحاب، این زن نیز داستان‌هایی دربارهٔ خدا و قومش شنیده بود.
- به مانند راحاب، این زن سامری نیز تصمیم گرفت تا به تنها خدای حقیقی ایمان آورد.

داستان کاملِ زن سامری را در یوحنا ۴:۱-۴۵ بخوانید. چه تشابهاتی بین داستان راحاب با داستان این زن سامری و داستان زندگی خودتان می‌بینید؟

## انجیل = گناه فراوان + فیضی بس افزون‌تر

داستان راحاب نشان می‌دهد که خدا برای نجات و آزادسازی گناهکاری که برایش هیچ امید نجاتی وجود ندارد، قدم‌های غیر منتظره و نامحدودی برمی‌دارد.

چرا خدا می‌بایستی آن دو جاسوس را به اریحا بفرستد؟ اطلاعاتی که آنها در این سفر کسب کردند، چه نقش تعیین کننده‌ای در تصرف اریحا داشت؟

خدا، با فرستادن آن دو جاسوس به اریحا، چه هدف دیگری می‌توانست داشته باشد؟

یکی از دلایلی که خدا این دو جاسوس را به اریحا فرستاد این بود که آنها راحاب را بیابند و او را از هلاکت رهایی بخشند. جاسوسان برای نجات راحاب فرستاده شده بودند. چقدر بیشتر، خدا برای نجات ما، افراد و شرایط مختلف را به خدمت می‌گیرد؟ حقیقتاً **چه خدای رهایی بخشی داریم! برای به کمال رسانیدن نجاتِ ما، او از پرداخت هیچ هزینه‌ای و یا برداشتن هیچ قدمی ـ حتی فرستاندن پسر خودش به زمین ـ دریغ نمی‌کند!**

پیغام انجیل به چه صورت دیگری در زندگی راحاب به تصویر کشیده شده است؟

به زندگی خود فکر کنید. داستان انجیل را در ارتباط با زندگی خود در زیر بنویسید. قبل از شناخت مسیح و ایمان آوردن به او، شما چه هویتی داشتید؟ اکنون شما از چه هویتی برخوردار هستید؟ خدا برای نجات شما چه‌ها کرد؟ اگر شما هنوز خود را از پیروان مسیح نمی‌شمارید، آیا می‌خواهید که او هویت شما را نیز تغییر دهد؟ چگونه؟

_____

_____

_____

_____

_____

# روز سوم: نمونه‌ای از ایمان

**عبرانیان ۱۱ را بخوانید.**

فصل یازدهم کتاب عبرانیان به «فصـل ایمـان» شهرت دارد زیرا در این فصل با فهرست نام‌های زنان و مردانی روبرو می‌شویم که ایمان عمیق آنان نسبت به خدا به نمایش گذاشته شده است. در این فهرست تنها به دو زن اشاره شده است.

راحاب و سارا چه شباهت‌هایی دارند؟ چقدر با هم تفاوت دارند؟ پاسخ خود را در نمودار زیر درج کنید. (برای کسب اطلاعات بیشتر دربارۀ سارا می‌توانید به پیدایش۱۶ و ۲۱-۱:۱۸ و ۲۱-۱:۲۱ مراجعه کنید.)

| تفاوت‌ها | تشابهات | |
|---|---|---|
| | | راحاب |
| | | سارا |

اگر چه راحاب و سارا با یکدیگر بسیار متفاوت بودند، اما هر دو، با فیض خدا، از موقعیتِ گُمگشتگیِ خود نجات یافتند. آنها هر دو نمونهٔ ایمان هستند.

عبرانیان ۱۱:۳۰-۳۱ را که در زیر آمده است بخوانید. دور هر کلمه و یا عبارتی که توجه شما را به خود جلب می‌کند دایره بکشید.

> به ایمان بود که دیوارهای اریحا پس از اینکه قوم هفت روز دُور آن گشتند، فرو ریخت.
>
> به ایمان بود که راحابِ فاحشه همراه با نامطیعان کُشته نشد، زیرا جاسوسان را به سلامت پذیرا گردید.

بر اساس آیهٔ ۳۱، راحاب سزاوار چه عاقبتی بود؟

___

___

___

اگر ترجمهٔ دیگری از کتاب‌مقدس در اختیار دارید، عبرانیان ۳۱:۱۱ را در زیر بازنویسی کنید.

___

___

___

راحاب به ایمان نجات پیدا کرد. مهمان‌نوازی از جاسوسان و محافظت کردن آنها شواهدی از ایمان او بود. راحاب، از این طریق، ایمان خود به خدا را ابراز کرد.

به نظر شما فیضِ شگفت‌انگیز خدا چگونه در عبارت «راحابِ فاحشه کُشته نشد» به چشم می‌خورد؟

___

___

___

نویسندهٔ فصل یازدهم عبرانیان، در آغاز این فصل، تعریفی از ایمان ارائه می‌دهد. این تعریف را با کلمات خود بازنویسی کنید.

_____

_____

_____


آنچه راحاب انجام داد، چگونه «اطمینان داشتن به چیزهای اُمید داشته شده» را در عمل نشان داد؟

_____

_____

_____


شما امروز در زندگی خود به چه چیزی امید بسته‌اید؟

_____

_____

_____

_____


در این انتظار، چگونه می‌توانید ایمان داشتن به خدا را انتخاب کنید؟

_____

_____

_____

_____

# روز چهارم: ایمان در عمل

**یعقوب ۲:‏۱۴-۲۶ *را بخوانید.***

در این آیه‌ها، یعقوب ایمان نجات‌بخش را مشخص کرده و راحاب را به عنوان نمونهٔ آن ایمان معرفی می‌کند.

یعقوب ۲:‏۱۴-۱۷ را که در زیر نوشته شده است بخوانید. زیر کلمات و یا عباراتی که ایمان راستین را شرح می‌دهند خط بکشید. دور کلمات و یا عباراتی که نشان می‌دهند که ایمان چگونه نیست، دایره بکشید.

> برادرانِ من، چه سود دارد اگر کسی ادعا کند ایمان دارد، اما عمل نداشته باشد؟ آیا چنین ایمانی می‌تواند او را نجات بخشد؟ اگر برادر یا خواهری نیازمند پوشاک و خوراک روزانه باشد و کسی از شما بدیشان گوید: «بروید به سلامت، و گرم و سیر شوید،» اما برای رفع نیازهای جسمی ایشان کاری انجام ندهد، چه سود؟ پس ایمان به تنهایی و بدون عمل، مُرده است.

یعقوب چگونه «ایمانِ بدونِ عمل» را تشریح می‌کند؟ (آیهٔ ۱۷)

---

---

---

در کلام خدا «نشان دادن ایمان در عمل» از چه اهمیتی برخوردار است؟ آیه‌های زیر را بخوانید و پاسخ خود را در کنار هر آیه یادداشت کنید.

لوقا ۱۰:‏۲۵-۳۷

یعقوب ۱:۲۲-۲۵

اول یوحنا ۳:۱۷-۱۸

وارن ویرزبی (Warren Wiersbe) شبان و معلم کتاب‌مقدس می‌گوید: «ایمان راستینی که به نجات اشخاص می‌انجامد، هرگز به تنهایی ظاهر نمی‌شود: این ایمانِ راستین همیشه حیات به بار می‌آورد، و این نوع حیات همواره اعمال نیک تولید می‌کند.» اگر شما به راستی نجات یافته باشید، رفتار و کردار شما حقانیت ایمان شما را ثابت [و ظاهر] خواهد کرد.

در فصل یازدهم عبرانیان راحاب فاحشه را در کنار سارا، همسر ابراهیم، یافتیم. حال در فصل دوم یعقوب، نویسنده با قرار دادن راحاب در کنار ابراهیم، پدر ایمان یهودی، از آنان به عنوان کسانی یاد می‌کند که ایمانی نجات‌بخش و پویا داشتند.

یعقوب ۲:۲۱-۲۵ را بخوانید.

چگونه ایمان هر یک از این افراد در این بخش از کلام خدا توصیف شده است؟

ابراهیم

راحاب

یعقوب تأکید می‌کند که هم ابراهیم و هم راحاب با عمل خود عادل [پارسا] شمرده شدند. با استفاده از یک دیکشنری کتاب‌مقدس مفهوم «پارسا شمردگی» را یافته و آن را در زیر بنویسید.

در الاهیات مسیحی «پارسا شمردگیِ» یک شخص یعنی «اعلام مبرّا بودنِ» آن شخص. به عبارت دیگر، هنگامی که ما پارسا شمرده می‌شویم، خدا ما را، به مانند پسرِ بدونِ گناه خود، مُبرا از هر گناه می‌بیند.

کلام خدا به روشنی تأکید می‌کند که ایمان و فیض «هدیهٔ خدا هستند ... و نه نتیجهٔ اعمالِ خوب ما ... تا هیچکس به خود نبالد.» (افسسیان ۲:۸-۹) کارهای ما، ما را نجات نمی‌دهند. نجات یافتنِ ما تنها توسط فیض خداست که در ایمانمان ابراز می‌شود. اما نکتهٔ قابل توجه این است که اعمال ابراهیم و راحاب ثابت کرد که آنها در رابطه‌ای راست با خدا بوده، و بنابراین، ایمان آنان ایمانی راستین و نجات‌بخش بوده است.

آنچه راستین بودن ایمان یک فرد را به ثُبات می‌رساند، ثمرات عملیِ آن در زندگی‌اش می‌باشد. ما ممکن است از لحاظ عقلانی باور کنیم که بیرون پریدن از هواپیما بی‌خطر است. اما اگر حاضر نباشیم از ارتفاع ۴۰۰۰ متری، با یک چتر نجات، از هواپیما به بیرون بپریم، پس ما حقیقتاً به بی‌خطر بودن پریدن از هواپیما باور نداشته‌ایم.

آیا شخصی را می‌شناسید که ایمان او در نظر شما قابل تحسین باشد؟ او چگونه ایمان خود را در عمل زیست می‌کند؟

آیا حقیقی بودن ایمان شما نیز در اعمال شما مشهود است؟ چگونه؟

ثمرِ ایمان راحاب یک زندگی متحول شده بود. **ایمان ناب و نجات‌بخش [همیشه و همیشه] ایمانی است که زندگی‌ها را متحول می‌سازد.**

آیا می‌توان ثابت کرد که:

- قلب [و تمایلات دورنی] شما عوض شده است؟
- شما تبدیل به شخص جدیدی شده‌اید؟
- هویت شما عوض شده است؟
- شما اشتها و خواسته‌های جدیدی دارید؟
- مسیر و هدف جدیدی را در زندگی خود دنبال می‌کنید؟

پاسخ شما به پرسش‌های بالا چه بود؟ اگر با حقایقی مأیوس کننده روبرو شدید، به خدا رو کنید و از او کمک بطلبید. او، برای جلال نام خود، قادر است زندگی شما را تبدیلی زیر و رو کننده ببخشد. البته، همیشه به یاد داشته باشید که عمل تقدیس در زندگی یک ایمان‌دار یک پروسهٔ وقت‌گیر است ... و تحول راستین در طول زمان صورت می‌گیرد.

# روز پنجم: هرگز فراموش مکن

***مزمور ۱۰۷:۱-۲ را بخوانید.***

اگر به آیه‌هایی از عهد جدید که نام راحاب در آنها ذکر شده است توجه کنیم، متوجه خواهیم شد که کلمه‌ای به نام او اضافه شده است که او را توصیف می‌کند. به عبرانیان ۳۱:۱۱ و یعقوب ۲۵:۲ مراجعه کنید. در این دو آیه، چه کلمه‌ای به نام راحاب اضافه شده است؟

---

---

---

اگر هویت راحاب به راستی عوض شده است، چرا هنوز از او به عنوان «راحابِ فاحشه» نام بُرده می‌شود؟

---

---

---

کتاب‌مقدس دلیل این موضوع را بر ما روشن نمی‌کند. اما شاید راحاب نیاز داشت تا همواره این مطلب را به یاد نگاه دارد که هنگامی که خدا او را یافت، او در چه وضعیت اسفناکی بود ... و هنگامی که خدا او را رهایی بخشید، او را از چه رهایی داد؟

شما چگونه می‌توانید به طور روزانه به خود یادآوری کنید که خدا شما را از چه رهایی و نجات داده است؟

البته نباید غافل بود که گذشتهٔ راحاب بخشی از پیغام زندگی او بود؛ پیغامی که داستان کار خدا در زندگی‌اش بود ... وسیله‌ای که توسط آن می‌توان پیغام آمرزش پر فیض خدا را به دیگران رسانید.

اگر عهد جدید «راحاب» را بدون لفظ فاحشه نام می‌بُرد، ما خوانندگان فراموش می‌کردیم که او قبلاً چه کسی بوده است. و احتمالاً به این نتیجه می‌رسیدیم که خُب! او زن شایسته‌ای بود که لیاقت داشت فیض خدا را دریافت کند.

اما کلام خدا اجازه نمی‌دهد گذشتهٔ راحاب را فراموش کنیم. داستان او تحت عنوان «راحابِ فاحشه» هنوز نیز پیغام محبت و فیض خدا را منتشر می‌سازد.

با توجه به آنچه گفتیم، عبارت «راحابِ فاحشه» کدامیک از کلمات زیر را در ذهن شما تداعی می‌کنند؟

نجات یافته
آزاد شده
آمُرزیده شده فیض
نُو شده
شرمگین گناهکار

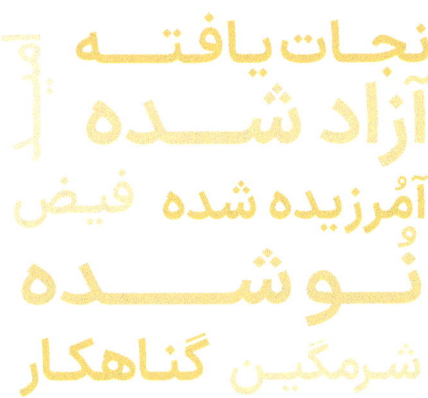

خدا چگونه می‌تواند گذشتهٔ ما را بکار گیرد تا فیض خود را به دیگران برساند؟

_____

_____

_____

چرا مردم جذب کسانی می‌شوند که بی‌پرده شهادت می‌دهند که خدا چگونه آنها را از شیوهٔ زندگی گناه‌آلود گذشته نجات داده است؟

_____

_____

_____

کسی که حاضر است دربارهٔ گذشتهٔ شرم آلود خود بی‌پرده صحبت کند، زمینه را برای دیگران آماده می‌سازد تا آنها نیز حاضر شوند دربارهٔ چیزهایی از زندگی خود با او صحبت کنند که تا به حال با کسی در میان نگذاشته‌اند. چرا؟ زیرا آنها می‌دانند که این شخص آنها را درک می‌کند. آنها یقین پیدا می‌کنند که او هم در موقعیتی مشابه بوده است. **آنها نه تنها شاهد این واقعیت هستند که او از چه گذشته‌ای بیرون آمده، بلکه این را هم می‌بینند که خدا او را به کجا رسانیده و چگونه او را متحول ساخته است. آنها با دیدن او، امیدوار می‌شوند که خدا می‌تواند در زندگی آنها نیز اینچنین عمل کند.**

چگونه داستان راحاب فاحشه در شما امید ایجاد می‌کند؟

_____

_____

_____

_____

_____

**علیرغم وجود همهٔ آشفتگی‌های زندگیتان، خدا می‌خواهد داستان زندگی شما را نیز بکار ببرد.** این بدان معنی نیست که شما باید هر کجا که قدم می‌گذارید جزئیات داستان زندگی خود را با هر کسی در میان بگذارید. اما خدا می‌خواهد از گذشتهٔ شما . و فیض پُر جلال خود که به واسطهٔ آن شما را از آن گذشته رهانید . استفاده کند تا داستان شما را، به عنوان پیغام فیض و امید، با دیگران به اشتراک بگذارد.

# داستان شما در عرض ۲ دقیقه

به مانند داستانِ نجات یافتنِ راحاب، داستانِ زندگی شما نیز انعکاسی درخشان از داستانِ انجیل است. با استفاده از تقسیم بندی زیر، داستانِ نجات خود را طوری بنویسید که بتوانید آن را در طول دو تا سه دقیقه با دیگران در میان بگذارید.

### ۱. زندگیِ قبلی من

وضعیتِ زندگی خود قبل از ایمان آوردن به مسیح را شرح دهید.زمینهٔ خانوادگی، شرایطی که به این سفر ایمان مرتبط هستند، نیازی که به عیسی پیدا کردید (بدون پرداختن به جزییات گناهانتان)، و غیره.

### ۲. چگونگی ایمان آوردن من به مسیح

چه چیزی شما را به سوی مسیح جذب نمود؟ شما چگونه مسیحی شدید؟ به زبانی ساده بگویید که چگونه از طریق توبه و ایمان به مرگ و رستاخیز عیسی از مردگان، امروز او سرور و خداوند زندگی شما گردیده است. در شهادت خود، تمرکز خود را بر خدا، نویسنده و قهرمان زندگیتان، قرار دهید. حتی اگر شما در خانواده‌ای مسیحی بزرگ

مزمور ۱۰۷:۱-۲ را که در زیر نوشته شده است، بخوانید. در زیر عباراتی که نشان می‌دهد ما، نجات یافتگانِ خداوند، چه باید انجام دهیم خط بکشید.

> خداوند را حمد گویید، زیرا او مهربان است و رحمتش تا ابد باقی است. کسانی که توسط خداوند نجات یافته‌اند به همه اعلام کنند که خداوند آنها را از دست دشمنانشان نجات داده است.

برخی از ترجمه‌های کتاب‌مقدس این معنی را القا می‌کنند که نجات یافتگانِ خدا باید داستانِ نجاتِ خود را به دیگران بگویند.

چرا ما باید داستان آنچه را که خدا برای ما کرده است با دیگران در میان بگذاریم؟

______________________________

______________________________

______________________________

______________________________

**هدف نهایی خدا از داستان‌هایی که آنها را در زندگی ما نوشته است، جلال دادن نام خود، و جلب کردن توجه دیگران به خود است.** هنگامی که ما به مردم می‌گوییم که خدا چگونه ما را نجات داده و آزاد کرده است، این داستان، نه تنها داستانِ ما، بلکه داستانِ انجیل است.

داستان راحاب را مرور کرده و به پرسش‌های زیر پاسخ دهید.

- داستان راحاب دربارهٔ قلب خدا، راه‌های او، و شخصیت او به من چه می‌آموزد؟

- داستان راحاب چگونه مرا به سوی عیسی و داستان انجیل هدایت می‌کند؟

- در داستان راحاب، آیا نمونه‌ای وجود دارد که من باید از آن پیروی و یا اجتناب کنم؟ در صورت وجود چنین نمونه‌ای، با چگونه واکنشی باید پاسخ دهم؟

شده‌اید، و روز و ساعت مسیحی شدن خود را به یاد نمی‌آورید، با این وجود شما می‌توانید آنچه که دربارهٔ مسیح آموخته‌اید، و افراد و موقعیتهایی که بر شما تأثیر گذاشته‌اند را به دیگران بگویید.

### ۳. زندگیِ جدید من

در این بخش به تفاوت‌های موجود بین زندگی قبلی و جدید خود بپردازید؛ تفاوت در نگرش، شخصیت، و نقطه نظرات. در این بخش با پرداختن به شادی و امیدی که در مسیح یافته‌اید، نشان دهید که عیسی برای تبدیل دادن، پایدار نگاه داشتن، و یاری نمودن شما چه می‌کند. هنگامی که نوشتن شهادت زندگی خود را تمام کردید، برای به اشتراک گذاشتن آن آنقدر تمرین کنید تا گفتنش برای شما کاملاً طبیعی باشد. سپس در دعا از خدا بطلبید تا امکاناتی برای شما فراهم کند تا بتوانید داستان زندگی خود را با دیگران در میان گذاشته و پیغام فیض بی‌نظیر خدا را منتشر کنید.

در نهایت، داستان راحاب ما را به سوی عیسی رهنون می‌نماید. او، به مانند هر یک از ما، زنی بود دور از خدا و بردهٔ گناه! اما خدا او را از گناهش نجات داده و آزاد کرد.

در حین مطالعهٔ این داستان، ممکن است احساس کرده باشید که گویا در حال شنیدن داستان خود بوده‌اید. چه اینکه زندگی شما نیز پیش زمینه‌ای شبیه راحاب داشته و شما خود را اسیر رفتارهای گناه‌آلود و یا اعتیادهای گوناگون می‌بینید ... و چه اینکه همهٔ تلاش خود را وقف انجام کارهای نیک کرده‌اید تا یک زندگی نیکو و پسندیدهٔ خدا داشته باشید ... حقیقت این است که علیرغم هر گونه پیش زمینه و هر گذشته‌ای، ما نیز به اندازهٔ راحاب، نیاز مبرم به فیض خدا داریم. ما نیز، به مانند راحاب، قادر به نجات خود نیسیتم و عاجزانه نیازمند فیض خدا هستیم. خدا می‌تواند ما را نیز، به مانند راحاب، نجات داده و رهایی بخشد. او به ما هویتی جدید و امیدی تازه برای آینده خواهد بخشید.

پس بیایید مطالعهٔ خود را نه با تمرکز بر آنچه در گذشته بوده‌ایم، بلکه با تمرکز بر آنچه در حال حاضر، به عنوان پیروان مسیح، هستیم به پایان رسانیم. دقایقی را در تفکر بر اول پطرس ۲:۹-۱۰ که در زیر نوشته شده است صرف کنید. از خدا بخواهید تا نگاهی تازه نسبت به فیض شگفت‌انگیز خودش به شما بدهد.

> اما شما ملتی برگزیده و مملکتی از کاهنان و امتی مقدس و قومی که ملک خاص خداست هستید، تا فضایل او را اعلام کنید که شما را از تاریکی به نور حیرت‌انگیز خود فرا خوانده است. پیش از این قومی نبودید، اما اکنون قوم خدایید؛ زمانی از رحمت محروم بودید، اما اکنون رحمت یافته‌اید.

آیهٔ

# ریسمان قرمز

راحاب هویتی جدید یافته است. آیا این حقیقت شگفت‌انگیز نیست؟ اگر شما ایماندار به مسیح هستید، شما نیز از هویتی جدید برخوردارید. شما دارای خانواده‌ای جدید، موقعیتی جدید، و سرنوشتی جدید شده‌اید. شما فدیه گشته و آزاد شده‌اید. خدا شما را طوری مُبرا و پاک می‌بیند که گویا به عیسی نگاه می‌کند. اگر چه هنوز خود را در تقلا و مبارزه با گناه می‌بینید، اما وعدهٔ خدا این است که روزی شما به طور کامل پاک و جدید خواهید شد. نگاهِ خود را به ریسمان قرمز بدوزید. این ریسمان قرمز ما را به کجا رسانیده است؟ ... به خوشی نهایی، به عدم وجودِ گناه، به پرستشی پُر از سرور و شادی، و به مکانی در پادشاهی خدا!

> ... بر او که ما را محبت می‌کند و با خون خود ما را از گناهانمان رهانید، و از ما پادشاهی‌ای ساخت و کاهنانی برای خدا و پدر خود، بر او جلال و قدرت باد، تا ابد. آمین! هان با ابرها می‌آید، هر چشمی او را خواهد دید، حتی چشم آنان که نیزه به او زدند؛ و همهٔ طوایف زمین به سوگش خواهند نشست. آری چنین خواهد بود. آمین. (مکاشفه ۱:۵-۷)

آیا از اینکه روزی عیسی باز خواهد گشت مسرور نیستید؟ ما بخشی از داستان عظیم نجات خدا هستیم. اگر چه به پایان این مطالعه رسیده‌ایم، اما ما هنوز در وسط داستان نجات خدا قرار داریم. او ما را در جمعِ خانوادهٔ خود، یعنی کلیسا، قرار داده است تا ادامهٔ این ریسمان قرمز را تا به زمانی که به ابدیت برسد دنبال کنیم. او بازخواهد گشت و همه او را پرستش خواهند کرد. او همه چیز را درست و جدید خواهد نمود. روزی این حقیقت آشکار خواهد شد که ریسمان قرمز رهایی اساس و مفهوم هر واقعهٔ دیگری بوده است. روزی ما، به همراه هر چیز دیگری که تحت تأثیر گناه بوده است، آزاد خواهیم شد. و در آن روز، او جلال خواهد یافت. بیا خداوند عیسی! زود بیا!

# تبادل افکار در گروه‌های کوچک
## پرسش‌ها

## هفتهٔ اول

- داستان راحاب چه حقایقی دربارهٔ شخصیت خدا برملا می‌کند؟

- آیا تابه حال خدا شما را به انجام کاری فراخوانده است که بالاتر از توانایی شما بوده باشد؟

  شما چه واکنشی نشان دادید؟ خدا چگونه برای انجام آن کار شما را قدرت و شهامت بخشید؟

- چه شواهدی از تدارک الاهی خدا ـ که با توجهاتِ پُر مهر خود همه چیز را به سوی هدفی

  خاص هدایت می‌کند ـ در فصل دوم یوشع کشف می‌کنید؟

- در طول مطالعهٔ هفتهٔ اول، خدا چگونه زندگی راحاب را بکار گرفت تا با شما سخن گوید؟

# تبادل افکار در گروههای کوچک
پرسشها

## هفتهٔ دوم

- آیا تا به حال، در مکانهای دور از انتظار ـ و یا فاسد ـ خدا را در حال عمل دیدهاید؟

- زندگی خود را مرور کنید تا به خاطر آورید که خدا، با استفاده از چه راههایی، شما را در تصمیمگیری کمک کرد. بازنگری و تفکر بر آنچه خدا در گذشته برای شما انجام داده است، چگونه شما را در تصمیمگیریهای امروز کمک میکند؟

- تاریخ شاهد مسیحیانی بوده است که احساس کردند که چارهای جز دروغ گفتن نداشتند. آیا با چنین نمونههای تاریخی آشنا هستید؟ آیا به نظر شما، درست است که یک ایماندار مسیحی دروغ بگوید؟ چرا بله؟ چرا خیر؟

- دربارهٔ اعمالی که خدا در زندگی ما انجام میدهد، چه داستانهایی میتوانیم به اطرافیانمان بگوییم تا بر آنها اثر بگذارند؟

- به همراه اعضای گروه خود دعا کنید تا خدا در حین مطالعهٔ این کتاب فرصتهایی به شما بدهد تا بتوانید دربارهٔ مسیح با دیگران صحبت کنید.

# تبادل افکار در گروه‌های کوچک
# پرسش‌ها

## هفتهٔ سوم

- خدا از چه طریقی ما را فرا می‌خواند تا بر خلاف فرهنگی که او را رّد می‌کند، حرکت کنیم؟ در این راه، چه خطراتی ممکن است ما را تهدید کنند؟ در صورت اطاعت از خدا، چه پاداشی در انتظار ماست؟

- لحظه‌ای را به یاد آورید که با قدوسیت و حاکمیت مطلق خدا روبرو شدید. چگونه این رویارویی نگرش شما نسبت به خدا را تغییر داد؟

- آیا شما، به خاطر پیروی از مسیح، مجبور به دست کشیدن از چیزی شُدید؟ از روزی که به مسیح ایمان آورده‌اید چه چیزهایی بدست آورده‌اید؟

- خدا محبت وفادارانه و پایدار[خِسِد] خود را چگونه به شما نشان داده است؟ شما چگونه آن را به اعضای خانوادهٔ خود ابراز کرده‌اید؟ به اعضای کلیسا چطور؟ در محل کار چطور؟ به اعضای اجتماعی که در آن زندگی می‌کنید چطور؟

- به همراه اعضای گروه خود برای نجات عزیزانِ خود، که مسیح نجات‌دهنده را نمی‌شناسند، دعا کنید.

# تبادل افکار در گروه‌های کوچک
## پرسش‌ها

## هفتهٔ چهارم

- اطاعت کردن از خدا در چه بخش‌هایی از زندگیتان چالش‌برانگیز است؟

- [با مرور زندگی روحانی خود] مواردی را به یاد آورید که اطاعت شما از خدا برای دیگران قابل رؤیت بود. اطاعت کردن شما چه اثری بر افراد خانوادهٔ شما به جا گذاشت؟ بر اعضای کلیسایتان چطور؟ بر بی‌ایمانانی که در اطراف شما بودند چطور؟

- چرا ما غالباً فکر می‌کنیم که پیش از آنکه خدا به یاری ما بیاید، ابتدا ما باید زندگی‌خود را مرتب و شسته و رفته کنیم؟ نمونهٔ راحاب چگونه ما را از اینچنین طرز فکری آزاد می‌کند؟

- دانستن این حقیقت که اگر چه گناهان ما همچون «ارغوان قرمز» باشند، خدا آنها را به «سفیدی برف» تبدیل خواهد کرد (اشعیا ۱۸:۱) چگونه شما را در پشت سر گذاشتنِ گذشته و حرکت به سوی جلو یاری می‌بخشد؟

- به مانند راحاب که به درون خانه‌ای پناه بُرد که ریسمان قرمز به پنجرهٔ آن آویزان بود، شما چگونه می‌توانید در خون مسیح پناه بجویید؟

## تبادل افکار در گروه‌های کوچک
## پرسش‌ها

# هفتهٔ پنجم

- به زمانی در زندگی خود بیندیشید که چاره‌ای نداشتید به جز انتظار کشیدن برای خدا . تا او کاری کند، تا او دعای شما را پاسخ دهد، تا برای درگیری‌ها و مشکلات شما راه حلی ارائه دهد، و تا ... چه چیزی، بیش از هر چیز دیگر، شما را کمک کرد تا صبورانه در انتظار خدا باشید؟

- زندگی کسی که برای بازگشت عیسی آماده است، چه خصایلی دارد؟ برای داشتن این نوع زندگی، چه چیز [و یا چیزهایی] را باید در زندگی خود تغییر دهید؟

- چه مواردی شما را وسوسه می‌کنند تا به خدا شک کنید؟ به منظور جایگزین کردن این شک و تردیدها با وعده‌های خدا، چه می‌توانید بکنید؟

- هنگامی که شما با چالش‌ها و شرایط دشوار روبرو می‌شوید، به کدامیک از وعده‌های خدا رجوع می‌کنید؟ آنها را با گروه خود در میان بگذارید. چه نکته‌ای در این وعده‌ها وجود دارد که امید را در زندگی شما زنده می‌کند؟

- در خلال عمری که تا به حال زیسته‌اید، عیسی چگونه پناهگاه شما بوده است؟ آیا همین امروز، در رویارویی با چالش‌های جدید خود، شما به عیسی پناه می‌برید یا به چیز دیگری؟

# تبادل افکار در گروههای کوچک
## پرسشها

## هفتهٔ ششم

■ به اختصار، سابقهٔ خانوادگی خود را با اعضای گروهتان در میان بگذارید. خدا چگونه در خانوادهٔ شما (نسل اندر نسل) وفاداری خود را ثابت کرده است؟

■ از زمانی که به مسیح ایمان آوردهاید، هویت شما چگونه عوض شده است (چه از نقطه نظر روحانی، و چه از جنبههای دیگر)؟

■ از ایمان عملی راحاب چه درسهایی آموختید ۔ درسهایی که میتوانید آنها را در زندگی خود بکار ببرید؟

■ آیا مطالعهٔ زندگی راحاب شما را کمک کرد تا فهم بهتری از عمل نجاتبخش خدا در زندگیتان داشته باشید؟ آیا در شکرگزاری نسبت به عمل نجاتبخش خدا نیز رشد کردید؟

■ مطالعهٔ راحاب چه درسهای عملی به شما آموخت؟ آیا میتوانید به سه مورد اشاره کنید؟

# آیه‌های
# ریسمان قرمز

[آدم] گفت: «صدای تو را در باغ شنیدم و ترسیدم، زیرا که عریانم، از این رو خود را پنهان کردم. » ... یهوه خدا پیراهن‌هایی از پوست برای آدم و زنش ساخت و ایشان را پوشانید.

پیدایش ۳: ۱۰ و ۲۱

«ابراهیم سر بلند کرد و پشت سرش قوچی را دید که با شاخهایش در بوتهای گرفتار شده بود. ابراهیم رفته، قوچ را گرفت و آن را به جای پسرش، چون قربانیِ تمام سوز تقدیم کرد. پس ابراهیم آن مکان را «خداوند فراهم خواهد کرد» نامید. و تا امروز نیز گفته می‌شود: «بر کوهِ خداوند، فراهم خواهد شد.»

پیدایش ۲۲:۱۳ - ۱۴

«آنگاه مقداری از خون [خونِ برّه] را گرفته، آن را بر دو تیر عمودی و بر سر درِ خانه‌ها ... بمالند ... آن خون نشانه‌ای خواهد بود برای شما بر خانه‌هایی که در آن به سر می‌برید: خون را که ببینم از شما خواهم گذشت، و آنگاه که مصر را بزنم، کوچکترین بلایی بر شما نخواهد آمد.»

خروج ۱۲:۷ و ۱۳

خداوند می‌گوید: «از انبوه قربانی‌های شما مرا چه سود؟ از قربانی‌های تمام سوزِ قوچها و چربیِ حیواناتِ پروار سیر شده‌ام، و مرا به خون گاو و بره و بُز رغبتی نیست ...خداوند می‌گوید: بیایید تا در برابر یکدیگر حُجّت بیاوریم [این موضوع را بین خود حل کنیم]: اگر چه گناهان شما چون ارغوان [به سرخی خون] باشد، همچون برف سفید خواهد شد؛ و اگر چه همچون قرمز، سرخ باشد، مانند پشم [پاک] خواهد شد.»

اشعیا ۱: ۱۱ و ۱۸

... خدا محبت خود را به ما این گونه ثابت کرد که وقتی ما هنوز گناهکار بودیم، مسیح در راه ما مُرد. پس چقدر بیشتر، اکنون که توسط خون او پارسا شمرده شده‌ایم، به واسطهٔ او از غضبْ نجات خواهیم یافت.

رومیان ۵:۸ - ۹

... بر او که ما را محبت می کند و با خون خود ما را از گناهانمان رهانید، و از ما پادشاهی‌ای ساخت و کاهنانی برای خدا و پدر خود، بر او جلال و قدرت باد، تا ابد. آمین! هان با ابرها می‌آید، هر چشمی او را خواهد دید، حتی چشم آنان که نیزه به او زدند؛ و همهٔ طوایف زمین به سوگش خواهند نشست. آری چنین خواهد بود. آمین.

مکاشفه ۱:۵ - ۷

# تفكـر ... تأمُـل ... بازتاب

# تفكـر ... تأمُـل ... بازتاب

# تفكـر ... تأمُـل ... بازتاب

# تفكر ... تأمُّل ... بازتاب